中共北京市委党校（北京行政学院）
——— 学术文库系列丛书 ———

政策社会学
POLICY SOCIOLOGY

陈志光　李　兵　著

社会科学文献出版社
SOCIAL SCIENCES ACADEMIC PRESS (CHINA)

目 录

上篇 学科篇

第一章 政策与社会的关系 …………………………… 003
 一 研究背景 …………………………………………… 003
 二 研究问题 …………………………………………… 005
 三 研究意义 …………………………………………… 008
 四 研究结构 …………………………………………… 010

第二章 政策哲学的本体论、认识论与方法论 ……… 016
 一 政策哲学导论 ……………………………………… 016
 二 政策的本体论：五大本质 ………………………… 018
 三 政策的认识论：四条路径 ………………………… 022
 四 政策的方法论：六种视角 ………………………… 027
 五 总结 ………………………………………………… 033

第三章 政策社会学的概念、框架与发展 …………… 034
 一 政策社会学的历史与起源 ………………………… 034

二　政策社会学的概念与框架 …………………………………… 037
　三　政策社会学的学科与理论 …………………………………… 039
　四　政策社会学的实践与工具 …………………………………… 046
　五　政策社会学的继承与发展 …………………………………… 050

第四章　政策社会学与政策科学 ………………………………… 054
　一　政策科学的历史发展与基本特点 …………………………… 055
　二　政策社会学与政策科学：殊途同归的研究框架 …………… 056
　三　政策社会学与政策科学：原则一致的政策制定 …………… 058
　四　政策社会学与政策科学：表里相依的政策执行 …………… 061
　五　政策社会学与政策科学：花开两朵的政策评估 …………… 063
　六　总结 …………………………………………………………… 067

第五章　政策社会学与社会政策学 ……………………………… 068
　一　社会政策学的历史来源与学科发展 ………………………… 068
　二　政策社会学与社会政策学的相似性 ………………………… 070
　三　政策社会学与社会政策学的差异性 ………………………… 071
　四　政策社会学与社会政策学的未来发展 ……………………… 081

下篇　理论篇

第六章　社会制度与公共政策 …………………………………… 087
　一　问题的提出：制度对政策过程至关重要吗？ ……………… 089
　二　制度主义的源流、概念与内涵 ……………………………… 089
　三　制度对政策制定的主导作用 ………………………………… 095

四　制度对政策执行的动力作用 …………………………… 097
　　五　制度对政策评估的约束作用 …………………………… 100
　　六　构筑有利于公共政策的制度基础 ……………………… 102

第七章　社会结构与公共政策 ………………………………… 103
　　一　社会结构的基本概念 …………………………………… 103
　　二　宏观社会结构与公共政策过程 ………………………… 105
　　三　中观社会结构与公共政策过程 ………………………… 109
　　四　微观社会结构与公共政策过程 ………………………… 113
　　五　优化社会结构，推进公共政策 ………………………… 118

第八章　社会行动与公共政策 ………………………………… 121
　　一　社会行动的基本概念 …………………………………… 121
　　二　社会行动与公共政策的理论框架 ……………………… 123
　　三　社会合作与政策生产 …………………………………… 125
　　四　社会交换与政策运行 …………………………………… 128
　　五　社会竞争与政策调整 …………………………………… 129
　　六　社会冲突与政策安全 …………………………………… 131
　　七　社会控制与政策维护 …………………………………… 133
　　八　做好社会行动，推进公共政策 ………………………… 134

第九章　社会理解与公共政策 ………………………………… 136
　　一　社会理解的基本概念 …………………………………… 136
　　二　社会理解与公共政策的理论框架 ……………………… 137

三　社会滞后与公共政策 ……………………………… 140
　　四　社会学习与公共政策 ……………………………… 142
　　五　社会诠释与公共政策 ……………………………… 145
　　六　社会理解与公共政策 ……………………………… 149
　　七　更好的社会理解，更好的公共政策 ……………… 153

第十章　社会运行与公共政策 ……………………………… 160
　　一　社会运行的基本概念 ……………………………… 160
　　二　社会运行与公共政策的关系 ……………………… 161
　　三　畅通社会运行，构建中国式现代化的政策体系 ……… 162
　　四　总结与展望 ………………………………………… 175

参考文献 ……………………………………………………… 192

上篇

学科篇

人的本质不是单个人所固有的抽象物,在其现实性上,它是一切社会关系的总和。

——马克思

第一章 政策与社会的关系

政策和策略是党的生命，各级领导同志务必充分注意，万万不可粗心大意。

——毛泽东

一 研究背景

政策是现代任何一个国家在面对一系列公共问题时所采取的战略性方略。一个居民，从摇篮到坟墓都要跟各种各样的政策打交道，是一个"政策人"。政策过程最好被想象为一个涉及公共政策及其背景、事件、参与者和结果的持续相互作用的复杂现象。这些相互作用是定义政策过程研究的主要问题的根源。这些问题范围广泛且对社会很重要，其中包括政策如何影响政治以及政治如何影响政策，哪些因素解释政策变化，政策设计如何影响实施和绩效，哪些制度安排有助于克服对集体行动的威胁，以及为什么人们动员起来支持或反对政策决定。鉴于涉及公共政策的无数相互作用，理论对于政策过程的研究一直并将继续至关重要。

如同彼得·德利翁（Peter DeLeon）所揭到的，政策研究已经有一段长久的历史和一段短暂的过去，也就是说，在过去的数千年里，政府政策已经成为一个相当重要的研究课题，尽管对它们的系统研究仅仅可以追溯到几十年前（豪利特、拉米什，2006：30）。大约在公元前18世纪时制定的《汉谟拉比法典》（Code of Hammurabi）是最早有记录的政策分析的例子之一。托马斯·摩尔（Thomas More）的《乌托邦》（Utopia，1516年）为社会思考（Social Contemplation）政策提供了一个处所；培根（Bacon）的《新大西岛》（New Atlantis，1627年）将科学知识应用到了政策过程中。法国大革命时期，孟德斯鸠的《论法的精神》（Montesquier's the Spirit of Laws，1748年）就指出了政策的概念与内涵。卢梭的《社会契约论》（Rousseau's Social Contract，1762年）反映了社会哲学与政治参与互动的增长。美国的《联邦党人文集》（Federalist Papers，1788年）详细阐述了国家统一的政策如何给社会带来秩序与稳定（德利翁、奥弗曼，2006：532）。之后，"政策"和"社会"作为两个相互联系的领域在德国哲学家黑格尔（Hegel）的《权利哲学纲要》（1821年）一书中得到了清晰的表述，这两个领域之间的关系成为政策研究的根本问题之一，特别是英国的工业革命（the English Industrial Revolution）和美国的进步运动（American Progressive）都对社会福利政策产生了广泛的需求（德利翁、奥弗曼，2006：532~533）。

1951年拉斯韦尔（Harold D. Lasswell）正式提出"政策科学"的概念。拉斯韦尔和几位著名的合作者（Myres S. McDougal,

Abraham Kaplan，Daniel Lerner）是政策科学的主要创立者（李兵，2021）。拉斯韦尔的《政策方向》一文明确描述了政策科学的原则和要发展的政策地图（Policy Map）。政策科学有三个主要的界定性特征：多学科视角（Multidisciplinary Perspective）、情境和问题导向（Contextual and Problem-oriented in Nature）以及明确的规范性（Explicitly Normative）。所谓多学科性，拉斯韦尔认为，政策科学应当突破关于政治机构和结构的狭隘研究范围，吸收诸如社会学、经济学、法学以及管理学等领域的研究成果（豪利特、拉米什，2006：5）。

在政策科学创始人拉斯韦尔的概念中，政策科学与社会科学是"两个可分离但相互交织的参考框架"，它们是不同的，但又相互交织，在不断发展和完善的语境定位中相互补充（Lasswell，1970：13）。政策科学的另外一位集大成者德罗尔也认为，政策科学关心的主要是认识和端正社会的发展方向，着眼于国家的政策制定系统，特别是社会指挥系统（Dror，1967）。因此，事实上政策科学有着广阔而丰富的社会学传统，这种传统产生了很重要的概念、思想和实践。

二　研究问题

什么是政策社会学？如何看待它的研究对象、学科性质、理论构建、研究范围以及研究方法等？这是政策社会学建立与发展的最基本的问题。本书主要关注学科构建和理论构建两个问题。

（一）学科构建

政策社会学是一门全新的、独立的学科。"政策社会学"的专有名词正式形成于 20 世纪 80 年代，Ozga（1987）最早在教育学著作中引入了"Policy Sociology"的概念，政策社会学的思想种子（Intellectual Seeds）得到播种。政策社会学是研究社会与政策之间关系的一门学科（见图 1-1），是社会学和政策学的交叉学科，是把政策看作一种特定的社会现象，运用社会学和政策学的理论、方法和技术，研究社会与政策之间相互作用、相互影响的学科（陈志光、李兵，2022）。政策学和社会学两个母学科的蓬勃发展为政策社会学的诞生、成长提供了肥沃的土壤和充足的养分。但政策社会学不是政策学和社会学简单的交叉、拼凑，政策社会学有自己独特的研究对象、研究思想和研究方法，有着"1+1>2"的效果。本书从一门学科的基础入手，阐述了政策研究的本体论、认识论和方法论，解释了什么是元政策、基础政策和具体政策，介绍了政策社会学的基本概念、主体框架和发展趋势，并辨识了政策社会学与政策科学、社会政策学等相近学科的渊源与异同。政策社会学与政策科学同源但不同宗、同根但不同枝，是青蓝交织、相互联系的两门学科，二者都体现了自身的学科贡献（Disciplinary Contributions）和社会良知（Social Consciences）。花开两朵，各表一枝。政策社会学和社会政策学在各自不尽相同的学科演进过程中遥相应和，围绕着相互交织的研究领域生根发芽，两门学科分别体现了关于政策过程的理论和思想，体现了各自把准政策脉络、落实政策措施、实现政策价值的根本逻辑。

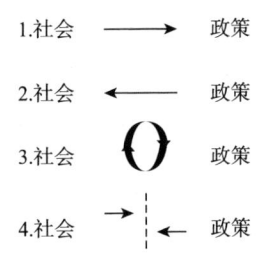

1. 社会 ⟶ 政策

2. 社会 ⟵ 政策

3. 社会 ⊙ 政策

4. 社会 →｜← 政策

图 1-1　社会与政策的四种关系

资料来源：Boswell 和 Smith（2017）。

（二）理论构建

本书强调"政策-社会"的双元范式，构建一种思考政策制定、政策执行和政策评估的新思路。政策社会学是一门对于时间和空间都非常敏感的学问，正如 Cronbach（1982）和 Miller（1984）所说，没有任何超越时空的普遍规则。政策社会学的理论思想是在历史、情境与未来三重哲学范式的指导下，旨在形成一个解释政策概念、主题或现象并普遍适用的纲领或框架。政策社会学主要研究社会系统和政策系统的相互作用、相互影响，但政策社会学不是独立于其他系统之外自成一个小天地；社会系统与政策系统的相互作用受到政治系统、经济系统、文化系统、生态系统等的引导和调节，共同构成一个多维、复杂、动态的体系。第一，实在基础。政策科学受到流行于经济学、社会学、社会统计学和管理科学等社会科学的实证主义研究方法的影响，实证主义在政策科学中一直占据着主导地位（李兵，2021）。因此，政策社会学也是以实在问题为导向，进而提出解决问题的方案（布洛维、郑翔，2007；冯仕政，2019）。政策社会学的社会实在包括社会制度、社会结构等，政策体系包括政策决策、政策合法化等；社会实在决定政策基础，政策系统改造社会实在。第二，嵌入机制。社会运行和政策执行是互相嵌入、相互包容的联动机制。如Granovetter（1985）在《经济行动与社会结构》中指出：政策并不像在社会背景之外的原子一样做出行动和决定，但也不会奴隶般地遵从一个由他们偶然占据的特定社会类别的交集为他们写好的剧本；政策有目的的行动是嵌在具体的、不间断的社会关系系统中的。社会运行包括社会合作、社会交换、社会冲突等，政策执行包括政策规则、政策实施等。社会运行容纳、嵌入政策执行，政策执行推动、促进社会运行。第三，理解价值。马克斯·韦伯是最早把理解当作一种方法来加以使用的社会学家，他将自己的社会学称为"理解社会学"（Understanding Sociology），强调社会行动是有主观意义的而且是可以理解和解释的（邓伟志，2009）。政策的制定、执行和评估也是社会行动的一种特定方式，也是可以理解且急需解释的。社会理解包括社会价值、社会分析等，政策行动包含政策评估、政策调整等。社会理解分析评估政策绩效，政策行动引导加深社会理解。

三　研究意义

理论是根本，实践是基础。政策社会学既有理论意义，也有实践意义。

(一) 理论意义

政策社会学作为政策学和社会学的交叉学科，有其独特的理论构建：一方面，作为"理论取向"的社会理论在对"社会之起源"、"社会构成"以及"社会如何成为可能"等问题的阐释中，给予了政策科学看待社会问题的理解视角、解释方向，为政策科学的相关理论提供了价值合法性的来源，在此意义上为政策科学提供了理解社会的有效工具；另一方面，社会学规范理论是对社会结构、社会现象和社会性的总体解释和阐述，包含着基本概念、理论分析工具以及对基本社会问题的价值阐述，是借鉴哲学、经济学、政治学、管理学等学科来阐述社会结构、社会现象等的话语体系。"批判的社会理论"可为政策科学提供批判性思维。批判理论的独特作用就在于其坚持不懈地以积极的姿态参与政治和社会方面的重大争议，力求弥合曾经在传统的实证主义中占据核心位置的"鸿沟"，也就是事实与价值之间的鸿沟。而且，后实证主义者主张通过质性的研究方法对被各种政策现象当作文本或文化现象的对象进行批判性的解读，重视社会情境与价值分析，意图重建政策分析框架。将事实分析与价值分析有机结合，组织公共参与活动，开展政策协商，以实践理性替代实证主义所强调的科学理性，不单纯依靠逻辑实证主义的理论推导，而是通过在理性指导下的对话和辩论得出政策结论。

(二) 实践意义

政策社会学是一门以问题为导向，注重实用性和实践性的应用科学。正是因为重视实践应用，政策社会学的学科地位才得以不断巩固和提升。政策社会学既有系统的理论性，又有很强的实践性，是连接社会理论与政策活动的"桥梁"和"纽带"。政策社会学运用社会学的理论和方法，深入研究政策与社会之间的相互作用、相互影响的机制。这有助于政策制定者更科学地理解社会现象和问题，从而为他们制定更符合社会实际的政策提供有力的科学依据。政策社会学不仅关注政策的制定，还关注政策的实施和效果。通过对政策执行过程中存在的问题和挑战进行深入分析，政策社会学可以帮助决策者发现政策的不足和潜在改进空间，进而推动政策的改进和创新。政策社会学的实践应用有助于提升政策的效果和效率。通过对政策影响的评估，政策制定者可以及时调整政策方向和力度，以确保政策目标的实现。同时，政策社会学还可以帮助决策者优化资源配置，提高政策的执行效率。政策社会学的实践意义还在于它能够通过改进和创新政策，推动社会和经济的持续发展。科学的政策制定和实施有助于解决社会问题，促进社会公平和正义，进而为经济的稳定增长创造有利环境。政策社会学关注弱势群体的权益和福利，致力于推动政策的制定和实施以保障他们的基本权利和生活水平。这有助于提升整个社会的福祉水平，并增强人权保障。

四 研究结构

纲举目张，执本末从。本研究内容共分为十章，具体结构安排如下。

第一章　政策与社会的关系。为了高度概括地介绍本书基本的研究背景、研究问题、研究意义和研究结构特别设计了这一章。从研究背景和研究意义上来说，政策社会学的诞生与发展是工业化、城市化、现代化、信息化进程中的一种必然趋势，对经济发展、社会进步、文化繁荣都具有重要作用。

第二章　政策哲学的本体论、认识论与方法论。哲学是科学之母，也是政策科学的根源和支撑；哲学不是政策认识的"万能药"，但"哲学攸关"却是不争的事实。从本体论来看，政策具有五大本质：话语权威、科学体系、行动措施、价值规范和动态过程。从认识论来看，对政策的认识应该通过四条路径：理论规律、实践活动、创新创造和理解想象。从方法论来看，政策的研究方法具有六种视角：历史唯物主义、辩证唯物主义、政策实证主义、政策建构主义、政策诠释主义、政策批判主义。从哲学方面来看，政策社会学的哲学基础是一种综合的政策哲学，历史唯物主义和辩证唯物主义抓住了政策的本质和特征；情境主义作为政策活动的一种哲学基础，提供了边界和横断性；未来主义为政策过程提供了"洞察力"和"规律性"。

第三章　政策社会学的概念、框架与发展。政策社会学是研究社会系统和政策系统之间的相互作用、相互影响的学科。政策社会学研究重点关注社会实在、社会运行和社会理解对政策制定、政策执行和政策监控的影响与作用；也关注政策系统对社会系统的塑造、规范和刻画。政策社会学也是坚持批判性思维的，致力于能动、持续和细致地思考政策知识，洞悉政策方向，审慎地做出政策评估。最后要说明的是，政策社会学是一门以问题为导向，注重实用性和实践性的应用科学，但政策社会学自诞生之日起，就非常重视基础哲学辨析和理论研究，正因如此，政策社会学的学科地位才得以不断巩固和提升。

第四章 政策社会学与政策科学。政策社会学与政策科学同源不同宗、同根不同枝，是青蓝交织、共同体现"社会良知"的两门学科。第一，原则一致的政策制定。政策科学特别强调"民主决策原则"，主张"政策吸纳社会"；政策社会学重视"社会参与原则"，人民群众以及社会组织、社区社工、专家智库等是政策制定的重要参与力量。政策科学的决策依据是政治目标、经济基础和社会实在；而政策社会学细化了社会实在的类型，社会制度、社会结构和社会关系等成为影响政策制定的重要因素。第二，表里相依的政策执行。政策科学的执行资源是权力、利益与精神，政策社会学对应的是社会管制、社会交换与社会激励。经典的政策执行有三种路径：自上而下、自下而上和由外而内。自上而下的政策组织必须依靠社会动员，自下而上的政策执行得益于社会支持，由外而内的路径往往来自社会主导。第三，花开两朵的政策评估。政策科学的事实评估主要关注目标达成、成本效益与因果关系，而政策社会学依靠的是社会描述、社会分析与社会模型。从价值分析来看，政策科学关注政策规范、政策质量与政策情感；而政策社会学认为规范需要社会诠释，好坏源于社会理解，情感归属社会信任。

第五章　政策社会学与社会政策学。政策社会学和社会政策学这两门学科之间的重叠得到了承认，两个概念之间的共同点包括：政策社会学和社会政策学都依赖于社会学方法，不仅都与社会学有着密切的关系，而且都是基础社会学的广泛应用之一；都利用社会学理论和观点理解社会政策产生、实施和"接受"的过程和语境。政策社会学和社会政策学也存在差异性，二者研究不同类型的问题，寻求不同类型的知识：政策社会学更强调用理论方式，从理论领域出发探讨政策体系的社会基础；社会政策学则是用实践方式，从社会生活实践出发探讨社会政策并致力于改善人民生活。政策社会学更强调知识"驱动"政策，贡献了许多知识利用的"工具性"模型；社会政策学更强调用政策问题"刺激"学术知识，以提供直接解决方案。

第六章　社会制度与公共政策。《汉纪》说："经国序民，正其制度。"制度对政策过程至关重要，所有的政策过程都是"制度攸关"的。政策社会学运用制度主义和政策科学的理论、方法和技术，研究制度与政策的相互作用与相互影响。制度与政策的关系，从一定意义上讲是内容和形式的关系。政策是制度的"具象化"，制度是政策的实质和灵魂。制度对政策制定具有主导作用，对政策执行具有动力作用，对政策评估具有约束作用；而政策系统又反过来影响社会制度的调适和变革。

第七章　社会结构与公共政策。社会结构（Social Structure）是历久亦稳的累积性行动模式，是依赖社会中的人类关系所构成的系统，是能够使行为得以结构化的集体规则与整体资源（Porpora，1989）。中国正处于全面而深刻的社会转型过程中，社会结构是分析政策制定和政策执行最重要、最基本的工具之一，具有极为重要的理论意义和现实意义。政策本身是一个运动、发展的过程，它的制定原则和设计目标受到社会结构的影响和作用，对社会结构产生"路径依赖"和"预期适应"。

第八章　社会行动与公共政策。社会行动的目的是采取行动以影响另外一个个体或更多个体的行动。相互作用是社会行动得以发展的条件，许多学者把它看作社会科学中恰当的考察单位。社会行动是社会学理论研究的基本单位和核心内容，许多著名的社会学家对社会行动专题做过研究，而在行动研究多样性的基础上衍生出了多种观点并形成不同的理论流派，因此可以说对社会行动的研究占据了社会学理论研究的主要内容，任何理论都或多或少涉及社会行动。社会行动对公共政策的影响主要分为五个类型：社会合作、社会交换、社会竞争、社会冲突与社会控制。

第九章　社会理解与公共政策。关于政策，拉斯韦尔认为是基于"洞察力"而获得的"对人的理解"（Lasswell，1958：96）；哈贝马斯认为是"以行动为导向的自我理解"（Habermas，1977：351）。社会理解是政策制定和实施的先决条件。社会理解既包含对社会行动的客观因果性探讨，也包含对主观意义的理解。

第十章　社会运行与公共政策。社会运行是公共政策运行的基础和框架；政策运行是社会运行的动力和支撑。具体到中国的政策社会学，要助力形成具有中国特色、中国风格的社会主义政策体系，包括：坚持人民至上的政策目标，构建自信自立的政策框架，树立守正创新的政策原则，采取问题导向的政策行动，使用系统观念的政策方法，表达胸怀天下的政策情感。这些马克思主义中国化时代化的政策范式，既为中国的政策实践提供了理论支持，也为世界人民的政策理论提供了中国智慧。

第二章　政策哲学的本体论、认识论与方法论

政策制定需要一种综合的哲学基础。

——〔以色列〕德洛尔

"政策"（policy）这一概念来源于希腊语的"polis"（城邦）和梵文"pur"（城市）以及拉丁语"politia"（国家），后来演化成中世纪英语中的"policie"，意指公共事务的管理或政府的管理。在德语和斯拉夫语中也可以发现这些多重含义，它们用同一个词（poltik，politika）指称政治和政策。因此，从词源上看，政策和国家、城市、政治、管理等词语同源近义，是政治学、公共行政、管理学、哲学等研究的重点。

一　政策哲学导论

哲学是科学之母。哲学是用普遍的、一般的概念把握世界的学问。哲学基础对政策过程至关重要，所有的政策过程都是由哲学约束（Philosophy Constraints）的。在爱因斯坦看来，哲学洞察

力——对探索真理与知识的哲学背景和基础的深刻理解——对于避免仅仅成为一个工匠或专家至关重要（Einstein，1944）。正如美国著名政策学者McCall和Weber（1994）所言："哲学作为'母体科学'对政策科学的核心产生着重大影响；它对政策科学的贡献比自然科学和社会科学都更富于深刻内涵。"以色列著名政策专家德洛尔明确指出"考察逆境中高质量政策制定的具体要求，一开始便提出需要一种综合的哲学基础；政策制定需要一种综合的哲学基础，这一点在主要的政策研究文献中并没有得到足够的认识"（德洛尔，1996）。政策在理论发展和实践执行过程中，存在以下三个哲学问题。

第一，政策的本体论：什么是政策？政策的本质是什么？

第二，政策的认识论：如何认识政策？

第三，政策的方法论：认识政策的方法有哪些？

为了厘清政策哲学的这三个本质问题，本书构建了如图2-1

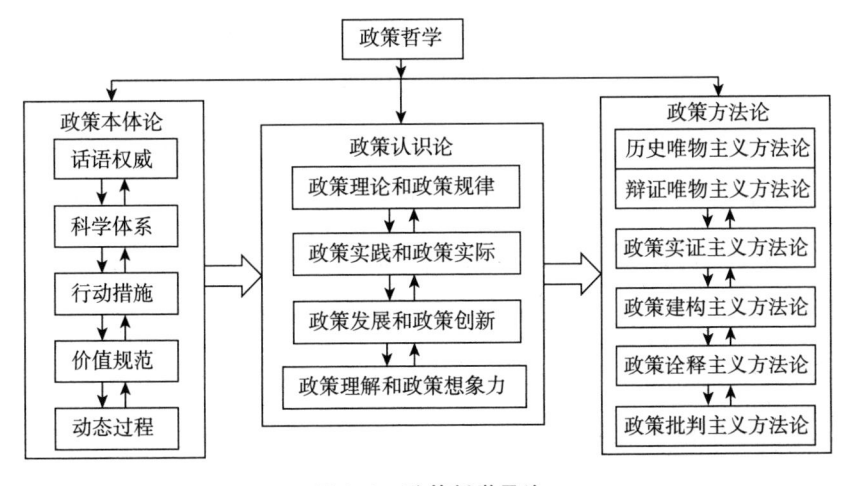

图2-1 政策哲学导论

所示的分析框架。

二 政策的本体论：五大本质

本体论（Ontology）又叫作存在论、存有论等，是关于"本体""存在""在""有""是"的学说。"本"为事物的根源或根基。

（一）政策是一种话语权威

所谓"政策"，从狭义上看，是指政府或政党为了达到其目标、完成其任务而制定的各种规则的总和，包含了政府或政党行动的总体方针、行动准则和具体行动方案。从广义上看，政策既包括政府和政党有关行动的规则体系，也包括为了促进各项社会事业发展而制定各种规划和方案、投入公共资源、设立和实施各种项目等方面的具体行动（《社会政策概论》编写组，2021：2）。政策科学作为一种人文社会科学，并不像自然物理科学那样有明确的衡量标准和严格指标，它本身具有一定的制度边界和价值理念，总是要通过特定的话语体系和政策规范表达出来。谁掌握了政策体系的话语权和政策体系的规范，谁就是政策科学的主导者和引导者。以古典欧洲政策科学和现代美国政策科学为代表的西方政策科学已经探索了一套适合他们各自国情、世情、民情的政策话语体系和政策规范体系。但"橘生淮南则为橘，橘生淮北则为枳"，借鉴西方政策的经验、吸取他们的教训是非常必要的，但不能盲目跟风和模仿。越是民族的，越是世界的。有着五千年政策实践和百年马克思主义的指导，中国在政策科学中更应该发出自己的声音，形成一套自己的规范体系。不同的话语和规范适合不同的国家和地区，适合不同的政策制定过程，配合不同的政策执行标准。

（二）政策是一个科学体系

政策过程是一门科学，需要人们以科学的态度去对待和研究。政策科学的创始人拉斯韦尔曾提出，政策科学可以综合其他学科，创立一门新兴的社会科学；拉斯韦尔认为政策是独立于心灵以外而真实存在的科学体系，政策体系是有规律的、有次序的，政策活动的主要任务是描述、解释与预测此种科学和体系（Lasswell & Kaplan，1950：71）。公共政策实际是"一种含有目标、价值和策略的大型计划"，这一定义阐述了公共政策的规划功能及其价值取向，突出了科学制定政策的传统和科学执行政策的现实（Lasswell & Kaplan，1963：70）。这种科学体系的出现是必然的，而非偶然的，因而我们一旦知悉科学法则，便可能实现对政策的评估与预测（李允杰、丘昌泰，2008：47~51）。一般而论，政策科学成立与否，必须符合下列四种标准：其一，科学性，政策体系的设置和行动是符合经济社会发展规律的；其二，应用性，该政策可以应用于某一或某些领域；其三，功能性，该政策能够起到实质性的作用；其四，精简性，该政策不必探究其他太多的因素。凡是能够完全满足这些要件的政策，都是可以放之四海而皆准的政策科学。

（三）政策是一套行动措施

政策的典型特征是行动，政策是有目的的行为，行动范畴是政策知识的基本范畴。只有从行动的角度方可把握政策的整体性与独特性。政策促进、阻止、指导或干预社会、政治、经济或环境的改革。公共政策的本质是相关主体基于其意向而生成的行动网络，是为实现美好生活、建设美好社会而采取的行动总体。美国学者詹姆斯·安德森（James E. Andrson，2003：2）在《公共政策制定》一书中指出：公共政策是一个或一组行动者为解决一个问题或相关事务而采取的相对稳定的、有目的的一系列行动。一方面，政策是由特定主体制定和实施的。政策主体在制定和实施政策等环节中的行动被称为"政策行动"。政策行动既包括各类政策主体在政策制定中的主导、参与及干预的作用，也包括各类组织、群体和个人在政策实施、评估和修订中的主导与参与作用。政策行动的概念体现了政策的主体性，并强调了各类政策主体在政策过程中的能动作用。另一方面，政策的运行也具有其客观规律（《社会政策概论》编写组，2021：2）。此外，有所"为"必然有所"不为"，二者是同一枚硬币的两面，相辅相成，相互影响，同等重要。Bachrach 和 Baratz（1963）首次提出了"不为"（not to act）的概念。所谓"不为"即指在政策过程中，不把某些议题纳入政策制定议程、不进行某些政策行动或者不进行政策评估行为。美国学者托马斯·戴伊（1992：2）在《理解公共政策》一书中明确指出："公共政策是政府选择做的或选择不做的事情。"

（四）政策是一类价值规范

人们普遍认识到，价值问题是政策研究中一个不可分割的组成部分（周超，2005）。价值是标志主客体之间意义、效应和状态的范畴，即社会关于好坏、得失、善恶、美丑等价值的立场、看法、态度和选择。"好政策"利民惠民，为民心之所向；"坏政策"劳民伤财，为人民所唾弃。彼之蜜糖，吾之砒霜，彼之敝草，吾之珍宝。什么是好政策，什么是坏政策，这取决于价值和规范。早在20世纪50年代，政策科学的创始人拉斯韦尔就已经认识到政策行为与价值取向之间的内在联系，他们把公共政策定义为"一个计划好的目标价值和行动方案"（Lasswell & Kaplan, 1950：71）。另一著名政策学者 Easton（1953：129-130）认为，政策科学是一个对经济社会进行权威性价值分配的行为系统，即一套政策体系，无论是一个社会、一个产业还是其他项目，都"包含一系列价值分配的决定和行动"。

（五）政策是一个动态过程

政策是一个完备、动态、有序的过程，可以称之为"政策生命"（Policy Life）。而其中最为关键的步骤是政策制定、政策执行和政策评估。政策制定是政策过程最为重要的环节，一些理论家已经认识到需要更密切地关注政策设计（Linder & Peters,

1987；May，2012）。政策制定应明确界定政策的应用领域、政策目标和特征、受益的社会成员以及解决问题的行动和战略（Nakamura & Smallwood，1980：45；Walt & Gilson，1994：361）。政策执行在政策过程中占有重要位置，它是将政策目标（社会理想）转化为政策现实的唯一途径（王小兰，2021）。更具体地说，政策执行是"政策变现"（贺东航、孔繁斌，2019），是将政策与行动联系起来的机制、资源和关系，也是执行和完成一项政策的过程（Pressman & Wildavsky，1973：32）。大多数学者一致认为，政策评估是政策执行的关键（Mazmanian & Sabatier，1983；Browne & Wildavsky，1984）。执行和评估被认为是两个不同的阶段，是同一枚硬币的两面，执行为评估提供实践经验，评估为执行提供情报，以便于人们理解正在发生的事情（Pressman & Wildavsky，1984）。

三 政策的认识论：四条路径

认识论（Epistemology）是哲学中关于认识问题的抽象理论。具体到政策科学上，关于公共政策的认识论主要有以下几个问题：什么是关于政策的认识？政策认识如何能够成立？怎样认识政策的各种知识？政策认识的验证是什么？

（一）理论规律——政策理论和政策规律

政策哲学范式和政策经典理论是我们当前政策工作的"方向

盘"和"发动机"。中国政策科学的理论来源主要有三个方面：马克思主义的政策理论、中华优秀传统文化的政策理论和西方经典政策科学理论。我们坚持以马克思主义的政策观点为指导，兼容并蓄地吸纳国内外优秀政策体系，形成了具有中国风格和中国特色的社会主义政策理论。

1. 马克思主义的政策理论

坚持用马克思主义哲学的基本原理进行分析研究，抓住政策科学的本质特征。凡是指出政策的存在和发展是由历史发展而来，政策存在和发展离不开历史和现实，政策和历史、现实存在着必然的继承和发展关系的观点，都是历史唯物主义和辩证唯物主义的观点。政策科学的基础研究要完整准确地理解社会存在和社会意识的辩证关系，不断增强辩证思维能力，提高驾驭复杂局面、处理复杂问题的本领。

2. 中华优秀传统文化的政策理论

任何一门学问的深入研究，都需要扎根于本土，从本土吸取营养，中国政策科学的研究也是如此（胡象明，2017）。中国五千年传统文化博大精深，其中也蕴含了丰富的政策理论和政策范式。从经典文献来看，最早的《尚书》《易经》《春秋》《左传》等著作中就形成了多种政策思想。例如，道家思想认为公共政策要顺其自然、无为而治；在税收政策问题上，儒家思想主张"敛从其薄"；法家思想重视政策的稳定性，使之具有公开、稳定和成文的形式；墨家思想提倡"兼爱""非攻""尚贤""尚同""非命""非乐""节用"等政策实践。

3. 西方经典政策科学理论

西方的政策科学是历史较短的学问。但是，自政策科学产生以来，其发展非常迅速。在过去的数十年里，政策科学开拓了惊人的势力范围。与此相伴，政策科学理论也趋于成熟了，新理论如雨后春笋般不断地涌现出来，值得中国政策科学借鉴的理论包括：政策过程理论（Policy Process Theory）、政策话语分析（Policy Discourse Analysis）、政策执行理论（Policy Implementation Theory）、政策冲突与消除理论（Policy Conflict and Elimination Theory）、政策评价理论（Policy Evaluation Theory）等。

（二）实践活动——政策实践和政策实际

马克思主义认为"社会生活在本质上就是实践"。20世纪以来，当代哲学中以 C. S. Peirce、C. Wright、O. W. Holmes、J. Fiske、W. James 为代表的实用主义（Pragmatism），以 S. A. Kierkegaard、F. W. Nietzsche、G. Marcel、M. Heidegger、Jean-Paul Sartre 为代表的存在主义（Existentialism）等哲学流派构成了一股强大的"实践论"潮流（程倩，2019）。改革开放以后，邓小平提出"摸着石头过河"，就是要我们从实践中获得真知。美国学者那格尔（Nagel，1990）认为，公共政策是政府为解决各种各样社会问题所做出的决定。那格尔的这种观点突出了公共政策的问题导向及实践特征（谢明，2018：6~8）。政策实践是政策认识的支撑与基础（实践决定意识），政策实践是政策认识的重要来源。政策实践是检验政策认识真理性的唯一标准，政策实践是政策认识的目的和归宿。实证论者认为政策知识始于观察，只有可以观察的现象才是科学研究的对象；人类的观察活动主要是利用我们的感官与经验进行的。

（三）创新创造——政策发展和政策创新

在迎接政策认识的挑战中，最大的误区是将传统的或习惯性的制定方式和执行方式与不断变化的政策环境相联系。因为在过去的时代里，人们主要是在传统或现实中寻找政策示范与政策启迪。实际上，人们是在按照长期以来形成的一种惯性实施政策行动。而在21世纪5G时代的今天，人们面对的是一个瞬息万变的生活环境和千变万化的政策场景，旧的事物纷纷离我们而去，新的事物层出不穷地向我们涌来，这就要求我们加快政策发展的步伐，尽快确立与新时代大数据、云计算、智能化特征相适应的政策方法和政策行动。在英文中，"创新"（Innovation）一词起源于拉丁语，是"生长"的意思。地里原本没有东西，后来长出了植物，这就是新东西——创新。《现代汉语词典》中将创新定义为"抛开旧的，创造新的"。创新是人类特有的认识能力和实践能力，是人类主观能动性的高级表现。政策创新从哲学上说是一种人的创造性实践行为，这种政策认识的目的是增加知识总量，需要对事物和政策进行再利用和再创造，特别是对政策世界矛盾的再利用和再创造，制造新的矛盾关系，形成新的政策形态。从本质上说，政策创新是思维蓝图的外化、物化和形式化。从政策认识的角度来说，就是要更有广度、深度、厚度地观察和思考政策,并且能将这种认识作为一种日常习惯贯穿于具体政策活动中。

(四) 理解想象——政策理解和政策想象力

政策认识中的"政策理解"概念强调在承认本体论主体性的基础上,从他人的角度理解事物,对政策客体和政策主体之间做出区分,突出政策现象的特殊性、不可重复性,提高公众对政策系统的认同感,有利于调动更多社会资源参与公共政策过程,减少政策监控的阻力与偏差。理解是一种旁观,但是一种"参与式的旁观":深刻地体验社会生活的方方面面,又能够抽离出来反思这一切的前因后果。

如经济学强调"经济学的直觉"一样,政策的认识论也强调"想象力"。政策想象力不是"瞎想""乱想""胡想",拥有"政策想象力"的人"有能力从一种视角转换到另一种视角"。拥有这种想象力的人,能够从不同的角度去立体地认识一个社会事件,无论是从"个人困扰"的角度,还是从"公共议题"的角度,都能够对这个事件有结构性的把握和清晰的认识。政策学家的政策认识要保持自省,时刻对自己的思考过程和关注议题有敏感性;要抱着理性的态度审视自己的思维流程,确保自己的确在面对一个问题时能进行切实而有效的研究;要抱着自由开放的态度悦纳自己的议题,不是为了完善某个科学体系或佐证某个宏大理论而去开展研究,而是学会从经验材料中寻找自己感兴趣的点,在反复的描述与推演、建构与解构中逐步形成自己的理论。

这折射出了当代政策学家的使命:"理解你自己身处的这个时代。"

四 政策的方法论:六种视角

方法论（Methodology）就是人们认识世界、改造世界的一般方法。亚里士多德著成《工具论》，创建了演绎法；培根著成《新工具论》，创立了归纳法；穆勒创立了"穆勒五法"；笛卡尔在《方法谈》中把数学引进了方法论；黑格尔创建了辩证法；马克思和恩格斯创立了唯物辩证法。后来胡塞尔创立了现象学；伽达默尔创立了阐释学；弗雷格和罗素创立了数理逻辑。从历史的角度来看，政策哲学的方法论可能有五种不同的古典或主流立场：历史唯物主义与辩证唯物主义、政策实证主义、政策建构主义、政策诠释主义和政策批判主义（Voros，2007）。

（一）历史唯物主义方法论和辩证唯物主义方法论

1. 历史唯物主义方法论

在最广泛的意义上，历史是人类经验的全部。政策历史即政策经验，并且所有的政策经验都是历史性的。历史唯物主义方法论所证实的是这样的政策事实：政策——为某些明确的观念所激励——做出了某些明确的价值判断，选择了某些明确的目的，以及为了达到所选择的目的而诉诸了某些明确的手段。以古为镜，可以知兴替。你能看到多远的过去，就能看到多远的未来。凡是指出政策的存在和发展是由历史发展而来、政策存在和发展离不开历史、社会和政策存在着必然的继承和发展关系的观点，都是历史唯物主义观点。

2. 辩证唯物主义方法论

坚持用马克思主义哲学的基本原理和辩证唯物方法进行分析研究，抓住政策科学的本质特征。要形成政策发展的观点，形成政策发展的方法论。重点在重要政策和关键政策的发展和改革上取得新突破，以此牵引和带动其他政策的改革。注重各项政策的相互促进、良性互动，整体推进，重点突破，形成优化政策生命的强大合力。全面地而不是片面地、系统地而不是孤立地构建政策科学体系。政策是政府、市场、社会矛盾的集合体和反应物，对政策主体、政策文本、政策话语、政策对象、政策绩效等要善于一分为二，在普遍联系中进行总体把握、多角度分析，善于在两点论和重点论结合中进行分析评估。

（二）政策实证主义的方法论

实证主义，代表了过去几个世纪中所谓的科学探索的"公认观点"，主要体现了自然科学家的哲学立场。政策实证主义的本体论是基于客观主义的假设，即实体是观察到的政策事件，存在于政策行动者的外部，因此只有观察数据和经验数据可以被认为是"可信的"。政策知识是通过观察和发现事件规律而获得的，而政策规律是以因果关系、类规律关系和功能关系为基础的。

1. 描述分析法

实证论曾经是社会及行为科学中最具影响力的典范之一。在政策、人口、经济等领域，实证主义可以作为研究的主要哲学立场，这些研究可以提供有形的定量数据，为"计算"未来和做出准确预测奠定基础。认识政策的描述性分析方法是社会科学实证研究中最常用的方法。描述性分析是数据分析的第一步，也是必不可少的一步。描述性工作既不是机械的也不是简单的，它需要研究者从近乎无限的事实中进行细致的挑选。政策的描述包含一些基础性特点：第一，描述包含推论。描述性工作的任务之一是，从那些已经被观察到的事物中获取事实去推论那些没有被观察到的事物中的信息。第二，通过科学地描述区分观察事物中的系统性部分和非系统性部分。若不能清楚地描述数据，或对数据的描述存在偏差，则政策分析结果是值得怀疑的。

2. 解释性分析

系统地收集事实当然是很重要的工作，离开它科学就无从谈起，但它并不是全部内容。获得推论的良好工具之一就是回归分析，回归分析是社会科学研究中最基本的工具。在自然科学所探究的领域，对事情的预测是建立在规律性和因果关系这两个范畴的基础之上的。建立因果法则的要件需要可信赖的资料或事实，通过经验性的考证过程，就可以形成兼具解释、描述与预测三大功能的一般性理论（李允杰、丘昌泰，2008：47）。

（三）政策建构主义的方法论

建构主义理论认为，政策只是对人的客观世界的一种文本、话语和行动表达，而不是问题的最终答案。建构主义方法论认为，公共政策具有"历史-社会"二重作用机制。在政策过程中应注重政策主体和政策对象的主动性和交互性。

不可否认也不能忽视——任何一个政策体系都有着一定的制度规范和执行标准。在缺乏规范标准的情况下，政策探索是不可能适当的（Voros，2007）。一是建构主义规范了政策相关者和解释者的行为标准，二是建构主义规范了作为内容载体的政策制品（文本、语言、声音、视频等），三是建构主义规范了政策执行中的原则、方向、方针和路线，四是建构主义规范了政策评价中的成本、绩效、因果、话语、预测等。

（四）政策诠释主义的方法论

诠释是指说明、证明、讲解、解释，是对一种事物的理解方式，或者是用心感受的一种方式、一种方法。唐代经学家颜师古在《策贤良问五道·第一道》中记载："厥意如何，伫闻诠释。"阿英在《敌后日记·停翅小撷·八月三十一日》中写道："依具体事实，详加诠释。"

1. 政策叙事性

政策诠释主义是一种基于主观本体论阐述的方法，即实体是由话语构成的，因此存在的或社会构建的现实只能通过意识或语言等社会构建来研究。政策是社会用于叙事的，是不断发展的，因此政策和执行是相对的，是主观的。政策诠释主义方法论认为，独立于人类思想和感知的政策体系是不可能存在的。政策现象在本质上既是因果性的又是解释性的，因此政策叙事性在一定程度上调和了本体论的两个主要立场——话语的和阐述的，为解释和理解提供了桥梁。政策诠释主义的方法论认为，人之所以成为万物之灵，在于其特有的意识形态与思考方式会影响人类的行为模式，人类采取的任何行动都会被赋予某种意义。

2. 政策理解性

在分析和推翻孔德的实证主义之主张的过程中，一群以德国西南学派闻名的哲学家和历史学家详细阐述了"理解"（understanding，德语为 verstehen）的范畴。这种为政府政策科学所特有的"政策理解"旨在诠释这样一个事实：人们对其所处政策的状态赋予一种明确的意义，他们对这种状态做出判断，并且在这些价值判断的激励下为维持或者达到某种具体的事态诉诸明确的政策。"政策理解"处理的是价值判断、目的的选择与为达到这些目的所诉诸的手段的选择，以及对已履行的行动的结果的评价，"政策理解"的前提条件和隐含条件是政策的逻辑结构及所有的先验范畴。泰勒与波格丹（Bogdan & Taylor，1975）依循现象学的传统，主张从行动者本身的自我观点去了解社会现象，从人们所认知的现象去了解他们如何理解这个现实世界。为了解人类的行为模式，必须采取设身处地的理解法，针对人类的心理状态进行深入的理解，这不是实证方法通过研究政策过程，从外表行为就可以观察出来的。

（五）政策批判主义的方法论

政策批判主义的方法论，就是通过一定的标准评价、评估政策进程，进而完善、更新、创新政策规范，是批判性的、反思性的政策方法。批判性方法既是一种政策技能，又是一种政策态度；既能体现公共政策良知，又能凸显现代人文精神。

1. 探究式质疑

批判性思维的第一个模型是"苏格拉底方法"或"助产术"——苏格拉底所倡导的一种探究式质疑（Probing Questioning）。长期以来，政策都被看作关于政治、经济、社会运行的普遍承载工具，与规则性、系统性、稳定性等相关，是由理性权衡所支配的合理行动。但苏格拉底式方法论认为，要做到政策合理有效，政策制定者和执行者必须首先认清楚政策的优势和缺点，输出的政策必须首先进行严格的分析和批判，所有权威所提供的政策都必须经受住来自各方面的严格的推理和质疑。探究式质疑要求政策输出要澄清目的和意义，区分相干和不相干的政策信息，然后检验其可靠性和来源。允许质疑政策的背景、资源和执行，从不同的视角进行推理，探查政策的后果或含义。

2. 反省性改进

政策反省性方法论（Policy Reflective Methodology）是对任何政策或被假定的政策形式的背景、文本、规范、语言、行动、结果、评估等予以能动、持续和细致的思考，不断反省和改进成为政策进步的突出方法。反省性思维是政策过程的基本原则，反省性方法论本质上是政策的系统检验过程，有时也称为"反省评估"。它包括问题的出现、政策的提出、政策的制定、政策的执行、定性和定量的评估、政策的终结等全过程、全政策周期的审视和检查。政策反省性方法论，意味着随着新的事实、新的环境、新的背景、新的结构、新的制度、新的认识、新的技术、新的理论、新的价值、新的诉求等出现或变化，我们要证实该政策，或者使它的错误和恶果更明显。政策反省可以有不同的进程与速度。这可能是一个破坏性的过程，会导致一个政策彻底变革。然而，通常情况下，政策变化本质上更为微妙，涉及渐进过程和政策的逐步变化。

五　总结

本体论即政策的本质和特征是什么？哲学是一种抽象的、具有普适性的理论，其中本体论又是最抽象、最具有普适性的。政策范畴是人类认识的基本范畴，但诚如肯宁汉姆（Cunningham，1963：229）所说："政策有点像头大象——见到时认得出来，但却不容易下定义。"方法论即认识和发展政策的具体方法是什么？一个范例可以被看作一组基本的信念（或形而上学），处理最终或第一原则。它代表了一种世界观，对于它的持有者来说，这种世界观定义了"世界"的本质，包括个人在其中的位置，以及与这个世界及其各部分可能存在的关系的范围，这些"基本信念"是不同范式的核心。

第三章　政策社会学的概念、框架与发展

> 政策科学具有跨学科的特性，是一门多学科共同研究的学问。
>
> ——〔美〕拉斯韦尔

哲学是根本，理论是基础。政策社会学的理论思想是在历史、情境与未来三重哲学范式的指导下，旨在形成一个解释政策概念、主题或现象并普遍适用的纲领或概括。理论研究试图加深对政策及其运行规律的理解，以便获取新的政策知识，尤其是基础理论研究能够使政策科学获得和扩展关于政策现象及其运行的一般原则和一般理论。正如前文定义所述，政策社会学主要是研究社会系统和政策系统之间的相互作用、相互影响的学科。本书研究政策社会学，重点在于分析社会系统与政策系统的协同机制和逻辑路径，尤其是关心社会体系对政策体系的影响方向和影响程度。

一　政策社会学的历史与起源

政策社会学已经成为"一门独特的学科"。就其当代形式而

言，政策社会学既是一门学问，又催生了一种新兴的职业。从政策社会学的起源来说，它的创始人构想他们的学科作为一种智力事业，将有广泛的影响人类的行为。法国哲学家孟德斯鸠指出了政策与社会在概念上的联系与区别。许多社会学家有意识地强调自己也是政策学家，比如奥古斯特·孔德和埃米尔·迪尔凯姆（在18世纪和19世纪早期）都认为做社会学研究是政策体系的一部分——用科学和理性改善社会。著名社会学家赫伯特·斯宾塞和帕森斯认为，通过使用跨国家和历史的比较，他们已经开始理解"社会进化的规律"，因此可以告诉政府管理社会变化的适当政策是什么。在20世纪30年代，卡尔·曼海姆的著作推动了社会学知识和政策行动之间联系的理性分析，使政策社会学的学科建设迈出了决定性的一步（Janowitz，1976）。这些早期思想家以及芝加哥经验主义社会学派的创始人罗伯特·帕克（Robert Park）和威廉·托马斯（William Thomas）对于"理论与实践"之间的关系，即社会学家的政策角色形成了良好的观念。社会启蒙运动的提倡者甚至认为，社会知识是政策和专业实践所能产生的社会科学的一个方面，也是政策所需要的唯一一类知识（Janowitz，1976）。

"政策社会学"这一专有名词正式形成于20世纪80年代，Ozga（1987）最早在教育学著作中引入了"Policy Sociology"的概念，其含义是"根植于社会科学的系统中，依据历史、定性和启发技术研究政策"。McPherson 和 Raab（1988）的著作 *Governing Education：A Sociology of Policy Since 1945* 首次使用了"Sociology of Policy"一词。1990年Ball出版了 *Politics and Policy Making in Education—Explorations in Policy Sociology* 一书，该书继承了"Policy Sociology"的使用传统，该名词成为后续"政策社会学"的统一表述。之后政策社会学被应用于多个领域，如项目评估、服务规划、政府研究、企业营销、刑事司法、卫生管理、教育医疗、老龄化、城市不平等、住房和环境等（Finkelstein，2009）。

政策社会学应用的例子包括杜兰大学社会学系与住房和城市发展部以及新奥尔良住房管理局合作（Arena，2010），哥伦比亚大学应用社会研究局以及社会学家为加拿大监狱改革所做的工作（Helmes-Hayes，2014），还包括芭芭拉·瑞斯曼呼吁成立"社会科学顾问委员会"，为政府政策提供社会学分析（Risman，2009），以及在疾病控制中心有从事青年和家庭暴力研究的社会学家（Brady，2004）。

政策社会学在犯罪领域的应用为：谢尔曼及其同事对刑事司法系统的有效分类，坎贝尔合作组织评估犯罪和惩罚的实验证据以及美国犯罪学学会期刊《犯罪学与公共政策》（Uggen & Inderbitzin，2010）的创办。此外，在公共卫生领域，政策社会学家被称为"新公共卫生医生"，这也反映出了社会学家在公共卫生政策方面所起的重要作用（Goraya & Scambler，1998）。其他重要领域还有：社会交往（Cohen，2019；Healy，2017；Stein & Daniels，2017）、社会情感（Clough & Halley，2007；McKenzie，2017）、社会流动（Peck & Theodore，2010；Lubienski，2018）、拓扑关系（Lewis et al.，2016；Lury et al.，2012）、大数据（Grek，2009；

Williamson，2017）等。正如创始人 Ozga（2019）指出的，政策社会学的理论驱动本质要求它不断容纳这些不同的理论资源，并研究它们如何影响政策生产过程。

在过去十多年中，许多国家和地区对"政策社会学"的重视程度一直在稳定增长（Brewer，2011；Clarke，2010），特别是澳大利亚（Donovan，2008；Chubb & Watermeyer，2016）、加拿大（CAHS，2009）、荷兰（Mostert et al.，2010）和美国（Grant et al.，2010）。但在英国尤为明显，可以看作研究"政策社会学"的先驱（Bornmann，2013；Grant et al.，2010）。目前，英国的社会科学家有两个主要的诱因来推动他们的研究去影响政策：首先，用于评估大学研究的国家评估机制划分出了20%的分值用于评价研究机构的政策影响；其次，能否从国家资助委员会获得资金和资助在很大程度上取决于研究人员能否充分回应其研究的政策影响（Smith & Stewart，2016）。

二 政策社会学的概念与框架

自第二次世界大战以来，学者们对"政策社会学"的概念越来越感兴趣。然而，当代学术界还没有完全解决一系列有关政策社会学的逻辑、概念和含义问题。本书认为，政策社会学（Policy Sociology）是政策学和社会学的交叉学科，是把政策看作一种特定的社会现象，运用社会学和政策学的理论、方法和技术，研究政策与社会之间的相互作用、相互影响的学科。有什么理由可以认为政策社会学是一门有别于其他政策科学的学科?社会学家凯·琼斯曾经把政策体系称为从"社会学的问题终结"(Spicker,2014),从政策社会学的学科角度来看,社会和社区中更根本的变化引起了政策体系的历程(Pinker,1979;De Swaan,1988)。换言之,政策社会学为应用社会学研究解决政策问题,提供了独特的视角、思维、逻辑和方法,因此是一门有别于其他政策科学的学科(具体分析将在下文展开)。社会学与政策学的关系,就如同物理学与工程的关系、生理学和解剖学与医学的关系、三角学和天文学与航海的关系、法学与法律的关系。政策社会学是一门独立的科学,虽然它与许多其他类型的研究有共同的主题,但与其他学科的分析相比,它的方法是科学的、独立的、系统的、完整的。辩证法、信仰、神秘主义、权威、推测、道德偏好、文学见解,甚至常识都不能代替研究政策的社会学。我们在这个世界上所拥有的所有知识都是由暂时真实的命题构成的,而这种知识边界与单纯意见的唯一区别在于,它是通过一致而系统地应用科学方法而获得和发现的,一个事实确凿、理论健全的政策社会学是以科学的方式发展的。

政策社会学是一门对于时间和空间都非常敏感的学问,正如Cronbach(1982)和Miller(1984)所指出的,没有任何超越时空的普遍规则。政策社会学的理论思想是在历史、情境与未来三重哲学范式的指导下,旨在形成一个解释政策概念、主题或现象并普遍适用的纲领或概括。政策社会学主要研究社会系统和政策系统的相互作用、相互影响,但政策社会学不是独立于其他系统之外自成一个小天地；社会与政策的相互作用受到政治系统、经济系统、法律系统、文化系统、生态系统等的引导和调节，共同构成一个多维、复杂、动态的体系（见图 3-1）。

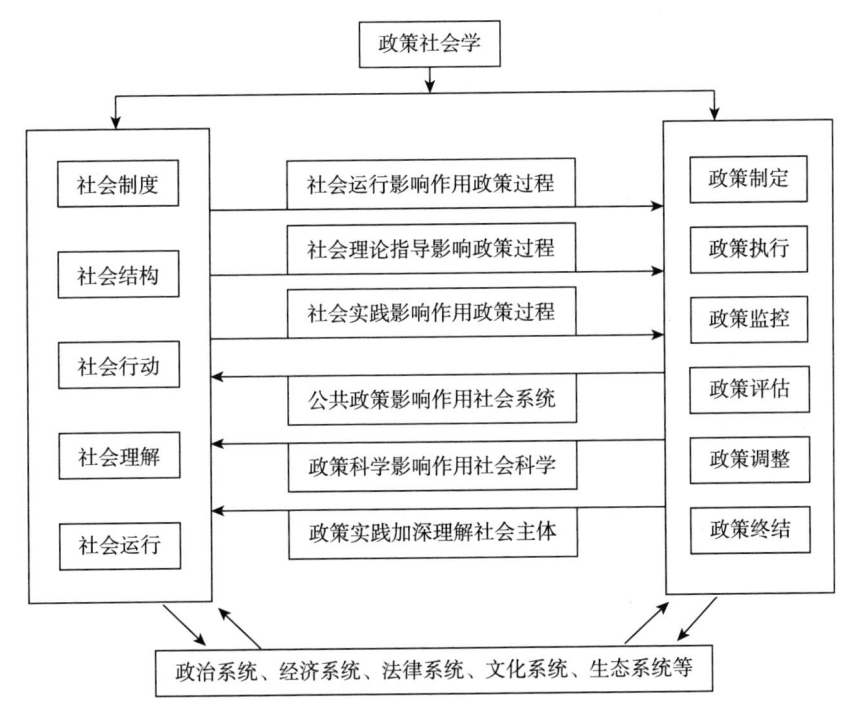

图 3-1 政策社会学的研究框架

三 政策社会学的学科与理论

政策社会学是一门复杂的学科，分析它需要一定的科学规律和方法。如图 3-1 所示，政策社会学主要是研究社会系统和政策系统之间的相互作用、相互影响的学科。但政策社会学不是独立于其他系统之外自成一个小天地；社会与政策的相互作用受到政治系统、经济系统、法律系统、文化系统、生态系统等的引导和调节，共同构成一个复杂、动态的体系。但本书研究政策社会学的重点在于分析社会系统与政策系统的协同机制和逻辑路径，尤其是关心社会体系对政策体系的影响方向和影响程度。社会体系包含很多子系统，但最为重要、最为关键的是五个因素：社会制度、社会结构、社会行动、社会理解与社会运行。一个完整的政策周期也包括很多步骤，主要的程序包括：政策制定、政策执行、政策监控、政策评估、政策调整、政策终结。社会体系能够引导规范政策环境、确立决定政策主体、定义设置政策客体、配套落实政策手段、规划评估政策目标。而政策系统也能够适应社会系统，改造社会系统。

（一）社会系统对政策系统的影响与作用

需要着重说明的是，现实中社会系统对政策系统的影响是一个复杂、动态、多维的作用体系，并不只是图 3-1 所示的单线条路径，也不是只有这些组成元素。但为了使逻辑清晰和简明，本书重点分析以下几个方面。

历史唯物主义和辩证唯物主义认为，要完整准确地理解社会存在和政策科学的辩证关系，坚持一切从客观实际出发制定政策、推动政策。社会存在是政策制定的基础和根基，决定着政策制定的方向和价值；政策科学具有相对独立性，对社会存在具有能动的反作用。当政策制定适应社会存在发展状况时，就会推动社会的发展；反之，就会阻碍社会的发展。政策制定一定要适合社会发展状况的规律是政策社会学的基本规律。要尊重历史发展的客观规律，自觉运用唯物辩证法的矛盾观点、矛盾分析方法和阶级分析法，认识和把握实在社会的各种政策现象。

1. 社会制度与政策系统

社会制度（Social Institution）是指制约和影响人们社会行动选择的规范系统，是提供社会互动的相互影响框架和构成社会秩序的复杂规则体系（郑杭生，2013）。制度由正式制度（如法规、法律和产权）和非正式制度（如认可、禁忌、习俗、传统和规范）构成。按照内容决定形式的原理，制度对政策具有基础性、根本性和决定性的作用，它规定着相应政策的基本内容、根本性质和主要特点。一个社会究竟选择和采取什么样的政策体系，首先是由其正式制度决定的，其次也受到非正式制度的规范和制约。政策也会因为社会制度的不同而"差异化"，不同国家在相同或不同时期的社会制度常常是不同的，因而形成了各自不同的政策模式；不同的社会制度有不同的政策执行效率；同样的政策，在不同的社会制度下，其表现形式和运作过程、方式也是不完全一样的。而政策系统又反过来影响社会制度的调适和变革。

2. 社会结构与政策系统

"结构"一词在多样的领域中被用来描述任何复杂、有组织的整体的诸多部分被组织为一个特殊模式或形式的安排（洛佩兹、斯科特，2007：11~12）。社会结构（Social Structure）是指社会体系各组成部分或诸要素之间比较持久、稳定的相互联系模式（邓伟志，2009：18）。正是由于社会结构具有这些特征，它成为政策制定和政策执行最重要、最基本的工具，具有极为重要的理论意义和现实意义。任何一个政策目标和原则都不是随意制定或更改的，它必然反映着根本利益要求。也就是说，作为目标和原则的政策体系，必然受它赖以存在的那个社会的种种制约和影响，对社会结构产生"结构依赖"，并且产生惯性力量，不断自我强化和累积优势。而且，当社会结构发生变化或者即将发生变革之时，政策制定也应及时应变、与时俱进，使政策形势跟得上结构变动，按照结构中的远景来规划各种政策方向，做出政策调整甚至是政策终止行为，从而"适应预期"。

3. 社会行动与政策系统

社会行动（Social Action）是人类在生活中表现出来的生活态度及具体的生活方式。它是在一定的物质条件下，不同的个人或群体，在社会文化制度、个人价值观念的影响下，在生活中表现出来的基本特征，或对内外环境因素刺激所做出的能动反应。社会行动是构成社会中各种要素、理解社会政策目标的最基本单位，因此，被政策社会学作为研究各种政策现象的基础和依据。这是有传统的，整个社会学史上，不少社会学家是以社会行动作为社会学的研究对象的。比如，美国社会学家罗伯特·帕克认为，社会学就是研究共同行动的科学；德国社会学家马克斯·韦伯认为，社会学研究的主要任务就是理解人的社会行动；我国社会学家孙本文也把社会学定义为研究社会行动的科学。Staub（1978，1979）曾提出了一个社会行为理论来解释社会行为是怎样影响政策体系的。人类行为的发生过程是以内外环境的刺激为基础的，刺激人类行为产生的最重要的刺激源是与人的客观需求相联系的因素，而人类的社会行为又会进一步对所采取的政策和措施产生影响。关于具体社会行动如何影响政策的流行理论是Weiss（1977，1979）提出的，他认为社会行为是各种相互重叠的网络的活动，通过分散的过程来塑造政策制定和执行的，这些行为导致广泛的、渐进的并且通常在很大程度上是概念上的改变（Hird，2005；Walt，1994）。Radaelli（1995）的"行为蠕变"理论是在此概念基础上的几种较新的解释之一，我们可以在政策变革的相关理论中找到类似的假设（Béland，2009；Hall，1993；Schmidt，2008）。

4. 社会理解与政策系统

社会理解（Social Understanding）是政策制定和实施的先决条件。社会理解既包含对社会行动的客观因果性探讨，也包含对主观意义的理解。政策社会学认为，社会理解政策的方法有两种。一是对政策系统进行深层次因果分析。在调查数据、深度访谈、搜集文献、选取模型的基础上，研究政策制定的社会基础、政策执行的社会工具、政策评估的社会价值，力求发现社会系统与政策系统之间存在的新问题、新观点、新发现和新理论。当然，政策社会学的基本框架认为，社会理解的概念对于政策系统的贡献和发展，不单单是这些具体的方面和措施，更为关键的是，社会理解是政策过程的一种理念和关系，是把准政策脉络、落实政策措施、实现政策价值的根本逻辑。二是政策过程要取得社会的理解。社会政策是社会治理的手段，更是社会公义的表现。政策实行的好与坏，不是领导者说了算，也不是政策制定者说了算，而是由社会的认可度、人民群众的理解力和接受度决定的。政策过程要多换位思考，体验政策对象的情感和价值，多站在政策对象的角度去思考政策实施的优点与缺点、经验与教训，取得被执行者的理解和支持。政策的难以推行甚至遭到政策对象的抵制或反对，往往是政策初衷不被理解、政策结果不被接受造成的。因此，政策的社会理解至关重要，要使社会对政策具有"善意"的理解。

5. 社会运行与政策系统

政策执行（Policy Implementation）是将一种观念形态的政策方案付诸实施的一系列政策活动；而社会运行（Social Operation）是指社会有机体自身的运动、变化和发展，表现为社会多种要素和多层次子系统之间的交互作用以及它们多方面功能的发挥（郑杭生，2013：53）。社会运行隶属并内含于社会实在中，与政策执行发生能动的相互作用。基于历史、辩证和逻辑的视角，政策执行和社会运行是"双向嵌入"的，社会运行要靠政策执行"保盈持泰"，政策执行要靠社会运行"保驾护航"。除去如国防、军队、政府等一些特殊的政策体系，社会运行都能够"立体式嵌入"政策执行中，实现主体嵌入、规则嵌入和效率嵌入等。社会运行的主体也是政策执行的重要参与力量，人民群众、社会组织等不仅是政策的被执行者，而且有权作为参与者成为政策制定和政策执行的主要力量，并进行第三方监督和评估。政策执行的结果有持续、调整、终止，这些结果的选择往往与社会的纵向运行有很大关系。如果社会运行规则不发生大的变革，政策可能是继承和可持续的；如果社会运行规则发生显著的发展和变化，政策执行也会相应地调整和修改；如果社会运行规则中断或被扬弃，政策执行很可能终止或消亡。社会运行效率可以分为良性运行、中性运行、恶性运行等，社会良性运行是政策执行的"加速器"，可以大大提高政策执行的效率；社会中性运行仅是政策执行的"润滑剂"，可以减少摩擦矛盾；社会恶性运行是政策执行的"拦路虎"，这种障碍破坏了政策的常态运行机制，使得政策容易出现严重的偏差、离轨、失控等现象。

（二）政策系统对社会系统的影响与作用

政策系统在过去、现在和未来都将历史性地塑造不同社会里公民的生活（熊跃根，2020）。国际国内经验都表明，政策体系的发展可以具有多重政治、社会、经济影响，包括完善社会制度、改变社会结构、促进社会运行、刺激社会行为、重塑社会价值等。政策体系提供了一个战略性的宏观视角，其关注的焦点是社会与发展，突出的是有计划的控制，提倡的是动态的、互动的方法，能包容多种因素，顾及全民的利益。运用政策手段促进社会发展，成为促进现代社会团结、增进社会福祉的重要途径。

坚持资源集中配置的原则（Principle of Centralized Disposition），通过政策体系的制定和实施，对全社会所拥有的资源在不同地区、不同部门、不同群体之间的配置进行调节，优先满足主要群体的利益，补偿强化受损群体的利益，满足多数人的普遍利益，降低社会冲突风险，促进社会和谐。

坚持公平公正的原则（Principle of Impartiality and Justice），通过政策体系的行动为社会公平正义提供政策导向，引导社会大众关注共同利益和公共福利，改善公众参与的社会治理结构。强调社会整合与平等化，避免社会分化和贫富差距的扩大；强调在社会公平原则下的民众参与和社会融入。

坚持完备原则（Principle of Perfected System），通过良好的政策体系保证所有人基本的社会和经济安全，满足人们生存的基本需要。一方面可增强社会的稳定，营造经济长期增长所必需的有利环境；另一方面通过发掘和释放人力潜能，可提高创造力和创新性，降低社会工作风险，还可直接促进生产率的提高。

坚持预见性或激励性原则（Principle of Foresight and Incentive），公共政策通过正向提倡、激励的方式为有关法人、自然人指明行动方向，从而使政策对象朝着决策者所希望的方向努力，以决策者期望的方式采取行动。

坚持延续性原则（Principle of Distributive Continuity）和一致性原则（Principle of Consistency），政策体系强化了社会的"非商品化"精神，培育了人们的社会公益心和公德心，倡导和谐态度，推动团结理念与共同体意识的形成，创造以人为本的社会环境与文化氛围。

四　政策社会学的实践与工具

"工欲善其事，必先利其器。"人和其他动物的最大区别是

"人能使用工具和制造工具"。毛泽东在党的八届二中全会上的讲话指出："生产力有两项，一项是人，一项是工具。工具是人创造的。"工具方法的根基是很深厚的。无论在法学、经济学还是政治学中，均可以看到工具方法的倾向。政策社会学是强调社会性工具对政策全过程的推动和促进作用的，特别是在社会风险突然暴发、公共安全受到严重威胁的时候，各项防控政策的顺利推行都需要社会性工具的大力支持。政策社会学的实践工具主要有以下几个方面。

（一）强力保障政策的社会管制性工具

管制性工具通常用来表示社会的一切干预活动，指的是社会规定规则和指令，并命令人们的行动与这些规则与指令保持一致的方法。采用强制性的命令和指示，伴随着处罚机制，强调社会对政策执行的直接监管。对于管制工具，可被划分为四种类型，其分别是：绝对禁止、具有豁免的禁止、具有许可的禁止与具有告知义务的禁止。例如，为迅速切断疫情传播链条，有效阻断蔓延态势，全面加强社会面管控，取消各类公众聚集性活动和堂食，要求少出门、不串门、不扎堆、不聚集；对所有居民小区、城中村、集宿区、产业园区实行封闭式管理，严格实行"一门一岗"，严格查验所有出入人员，外来人员和车辆非必须不得进入等。

（二）有效促进政策的社会激励性工具

激励性工具是社会利用资金、资源、福利、情感、心理等为政策执行提供激励与支持。激励性工具给政策对象一定的自由——政策对象可以自行决定是否采取行动。用奖励来创设政策后果，为满足社会不同的需求而采取不同的激励工具。为满足维持基本生活所需的是"薪酬激励法"，为满足安全需求的是"福利激励法"，为满足归属感、情感等社交需求的是"感情激励法"，等等。例如，疫情防控期间的减税减租减费让利政策，包括延续增值税加计抵减政策，对增值税小规模纳税人、小型微利企业和个体工商户按照50%税额幅度减征"六税两费"，减免房产税和城镇土地使用税，加大设备器具税前扣除力度，延续阶段性降低失业保险、工伤保险费率政策和继续实施普惠性失业保险稳岗返还政策，减免国有房屋租金，用好再贷款再贴现工具和降准资金等。

（三）广泛解读政策的社会宣教性工具

一项政策的执行往往遵循"宣教为先、引导为要"的原则。新时代政策实施要坚持从宣传教育切入、突破，重氛围打造、重活动开展、重规劝引导、重宣教实效，从而有力地助推政策工作的深入开展。主要通过电视、广播、报纸、杂志等传统媒体，以及网络新媒体如社交媒体、新闻网站等平台，广泛传播政策信息，提高公众对政策的认知度和理解度。这些媒体能够快速、广泛地将政策内容传递给大众，帮助公众了解政策的目的、内容和实施要求。各级政府官方网站、政务微博、微信公众号等政府信息发布平台，是政策传播的重要渠道。这些平台具有权威性和公信力，能够及时发布最新政策信息，为公众提供准确、可靠的政策解读和指引。通过组织政策宣讲会、培训班等形式，向目标群体详细解读政策内容、实施要求和操作流程，这种方式可以针对特定群体进行深入的政策宣传和教育，提高他们对政策的认知度和执行能力。政府设立的在线咨询平台、热线电话等互动渠道，可以为公众提供即时的政策咨询和解答服务，这些平台能够帮助公众解决他们在政策执行过程中遇到的问题和困惑，提高政策的执行效率和公众满意度。

（四）补充政策主体的社会参与性工具

使用社会参与性工具是吸纳社会力量直接参与政策过程的重要方法。社会参与是关于政策受众的一种权利，又称参与权，指社会大众有权参与国家政策的制定、执行和评估。社会大众不仅是政策的被执行者，而且有权作为参与者成为政策制定和政策执行的主要力量，并进行第三方监督和评估。对于政策社会学来说，它应该保证公民这一权利的实现。例如，为起草新中国第一部宪法，国家动员1.5亿人参加大讨论，经有代表性的8000多人反复修改，并征求法律、语言等方面专家的意见。

（五）助力政策执行的社会信息性工具

政策各种功能的妥善履行很大程度上倚重于社会工具的有效利用，而信息化生产力是迄今人类最先进的生产力，政策的制定、执行与评估都需要政策信息的及时发布和公告。政策的宣教既要依托"互联网+"工具，借助云计算、大数据、智能化等技术，实施"点对点"的精细化宣传教育，也要依托电视、报纸、宣传单、大喇叭等传统工具进行人性化宣传教育。使得政策内容家喻户晓、入脑入心。利用大数据、云计算、人工智能等信息化技术手段，对政策执行过程进行实时监控和分析，及时发现问题并进行调整优化。这些技术手段可以提高政策执行的精准度和效率，确保政策目标的实现。

五　政策社会学的继承与发展

"政策社会学"已诞生近 40 年，自 Ozga（1987）的基础性贡献以来已得到稳步发展，但关于社会与政策已经有几百年甚至几千年的研究历史。当前国际上政策社会学的发展还存在两点不足：其一，正式的政策社会学研究还主要集中在教育政策的范围内；其二，很多社会与政策的研究没有冠以政策社会学的正式名称。基于这两点，政策社会学要实现对社会学和政策学的历史继承，建立健全学科体系。

（一）政策社会学的历史继承

社会学既要保护社会（布洛维，2007），也要保护政策。政策社会学研究重点关注社会实在、社会运行和社会理解对政策制定、政策执行和政策监控的影响与作用，当然也关注政策系统对社会系统的塑造、规范和刻画。根据 Bernstein（1976）的研究，后实证主义包含三个基本的、相互关联的范式：经验的、解释的和批判的。在实证主义中，经验使其他方式黯然失色，使注意力集中在客观化过程中可预测的规律性上（Torgerson，1985）。当然，政策社会学不仅重视客观化的实证过程，也侧重于解释人类社会生活的主体间维度。人们不仅从外部观察政策，而且还从参与者的角度来理解政策互动。政策社会学也是坚持批判性思维的，致力于能动、持续和细致地思考政策知识，洞悉政策方向，审慎地做出政策评估。最后要说明的是，政策社会学是一门以问题为导向、注重实用性和实践性的应用科学，但政策社会学自诞生之日起，就非常重视基础理论研究。正是因为重视基础研究，政策社会学的学科地位才得以不断巩固和提升。

许多人认为，社会学正面临着相关性危机，尤其令人担忧的是社会学无法影响政策。社会学家本应是研究社会保障、社会福利和社会不平等等重大政策问题的专家，但随着其他专家（从经济学家到设计师）承担起政策顾问的角色，他们似乎有被边缘化。而政治家被越来越多地告诫要确保他们的政策具有"专业影响力"，决策者热衷于"利用"社会科学知识来制定更"有效"的政策（Boswell & Smith，2018）。政策社会学致力于继承社会学和政策学的双重优点，采取更加"基于证据"的政策制定方法（Labour Party，1997），并对社会体系与政策体系之间的关系进行了概念化和模型化（Cabinet Office，1999，2000；Blunkett，2000），正是这种思维方式对国际社会形成了有影响力的指导（Smith，2013）。政策社会学依赖社会学家与政策制定者共同设计和开展研究，分享重要的知识和专业的承诺。社会学家可以通过介入政策制定空间和直接干预政策制定过程来最大化他们的影响力。政策社会学的目标不是产生工具意义上的"有用"发现，而是改变政策制定者理解社会问题的方式，将公平和正义引入现有和新的政策过程，并改善公民实地体验政策的方式（Graizbord，2019）。

（二）政策社会学的未来发展方向

1. 学科独立性

政策社会学在适应政策体系的动态发展中，不仅形成了独立的研究领域，甚至成为一门综合性的学科，而且成为近现代社会中的重要部分，从他性走向自性，从边缘走向中心。今后要重视学科定位和学科建设方向，在一定研究领域生成专门的知识；抓好学科队伍建设和学科梯队建设，培养专业的人才队伍。

2. 学科理论性

政策社会学要研究政策体系的理论性、普适性、长效性。一方面，以国内外社会科学积累百年的理论和方法为基础，研究政策体系的主要概念、基本内涵、领域范畴、思维方法、发展规律、建设经验等，完善政策社会学的理论体系建设。另一方面，以中国特色社会主义理论体系为根基，研究政策制定、政策执行、政策评估、政策影响、政策调整、政策反馈等的理论逻辑和理论路径，完善政策社会学的学科体系建设。

3. 学科实践性

政策社会学是与老百姓最直接相关的学科，重视政策的应用性、针对性、效率性，是最具实践性和应用性的学科。回顾以往70多年政策体系的建设和发展历史不难发现，凡是那些符合中国实践和基本国情，符合老百姓需要的政策和措施，就推行得快、效果好、受群众欢迎。

现在，中国共产党团结带领中国人民又踏上了实现第二个百年奋斗目标新的赶考之路，赋予了政策社会学历史性的使命，政策社会学应该对时代呼唤、人民需求做出敏锐的回应。政策社会学应以学科独立性和完整性为前提，以理论性和实践性的结合为基础，以思维和方法创新为驱动，以为人民谋幸福为根本，以提高政策体系的效率为目标，为建设社会主义现代化强国贡献力量。

政策社会学是当代中西方研究中一门新兴的学科，它的产生和发展，一方面有利于政策科学找到更深层次的社会根源和社会基础；另一方面也扩展了社会学研究的实践性和影响力，实现了创始的"初衷"。政策社会学是一个处于萌芽阶段的新概念，必须大力加强基础研究特别是原创性分析。一门学科的建立和发展是长期积累的过程，特别是基础学科，不是一年两年或者三年五年就能取得突破的。要静下心来，踏踏实实攻克一些基础性的科学难题。我们必须立足于当代政策实践，积极营造政策社会学发展的有利场景，弘扬"移步不换形"的守正创新精神，推动政策社会学基础研究不断前进。

第四章　政策社会学与政策科学

　　政策科学为解决各种具体社会问题而对不同的公共政策的性质、原因及效果进行研究。

——〔美〕那格尔

　　"科学"一词在历史上一直被使用，直到今天仍在被使用，用来指几乎所有可以想象到的调查类型。人们为了各种各样的目的而寻求所谓的科学知识，其中许多是实用的。因此，如果我们要通过参考历史、人类学和语言学的证据和/或参考科学家的意图来制定科学的概念，就几乎不可能给它一个足够精确的意义，以满足我们的分析目的。然而，有一个可以追溯到苏格拉底哲学家的传统，它区分了理论探索和实践探索，并将前者与为知识本身而追求知识联系起来。这种对科学的理解为当代的科学哲学家所坚持。实际上，这些学者已经提供了对世界一般理论知识主张正当性的充分性标准的合理胜任的理解。从某种意义上说，这些标准作为一个整体，为"科学"一词提供了一个明确且精确的含义。正是在这种哲学基础上，这一概念将在本书中被使用。由于科学知识是由一种方法论所证明的，这种方法论假定人们纯粹是为了追求科学知识本身的内在价值，因此科学知识本身就"超越"于人类的实际问题。它的产物是科学理论，这些理论通常是高度抽象的，因为它们所涉及的对象和事件远离日常经验的世界，其目的无非是增进我们对世界的普遍理解。但科学知识并非与行动问题无关，因为有时科学知识可以应用于行动问题。但严格地说，去寻求这样的应用并不是科学家的工作。相反，工程师的职责是应用科学成果，以或多或少直接帮助人类实现其实际目的。

一 政策科学的历史发展与基本特点

1951年，美国学者哈罗德·拉斯韦尔与丹尼斯·勒纳合作编著了《政策科学：近年来在范畴和方法的发展》，首次提出"政策科学"概念，标志着现代政策科学理论的诞生。他们将政策科学看作重建政治科学的主要方向，主张打破仅局部利用知识的状况，建立一门以解决问题为导向的政策学科，以协调不同的研究路径和知识体系。拉斯韦尔还发表了《决策过程》《政治科学的未来》《政策科学展望》等著作，分析了政策过程的主要阶段，剖析了政策科学的知识应用和知识发展。德洛尔继承和发展了拉斯韦尔的政策科学传统，认为政策科学是趋于完善的一种社会科学新方式。政策科学在纯理论研究与应用研究之间架起了桥梁，不但运用一般的研究方法去发现知识，还把个人的经验与社会常识也纳入自己的知识系统。

早期的政策科学研究主要关注政策制定的问题，提出了理性决策、渐进决策、精英主义、多元主义等理论模型，开发了统计分析、心理分析、决策分析等技术和方法。20世纪70年代以来，公共政策研究出现了"趋后"倾向，即从早期政策制定研究拓展到关注政策执行、政策评估、政策终结的研究。20世纪80年代，政策科学的研究视野拓展到政策议程、政策工具、政策网络等议题。代表理论有：多源流理论/政策溪流理论（约翰·金登）、间断-平衡理论（弗兰克·鲍姆加特纳、布莱恩·琼斯）、制度分析与发展框架/IAD（埃莉诺·奥斯特罗姆）、倡议联盟框架（保罗·萨巴蒂尔）、政策工具研究（克里斯托弗·胡德、伊曼纽尔·萨瓦斯、拉斯特·萨拉蒙）、政策网络治理模型（汉斯·胡芬、贝恩德·马林、格兰特·乔丹）等。

二　政策社会学与政策科学：殊途同归的研究框架

政策过程在政策科学中通常被概念化为以下几个节点：议程设置，问题定义，政策制定，政策决定，政策执行，政策评估和政策维持、继承或终止（Laswell, 1958; Brewer, 1974; Jenkins, 1978）。而其中最为关键的步骤是政策制定、政策执行和政策评估（见图4-1）。

政策制定是政策过程最为重要的环节，一些理论家已经认识到需要更密切地关注政策设计。政策制定应明确界定政策的应用领域、政策目标和特征、受益的社会成员以及解决问题的行动和

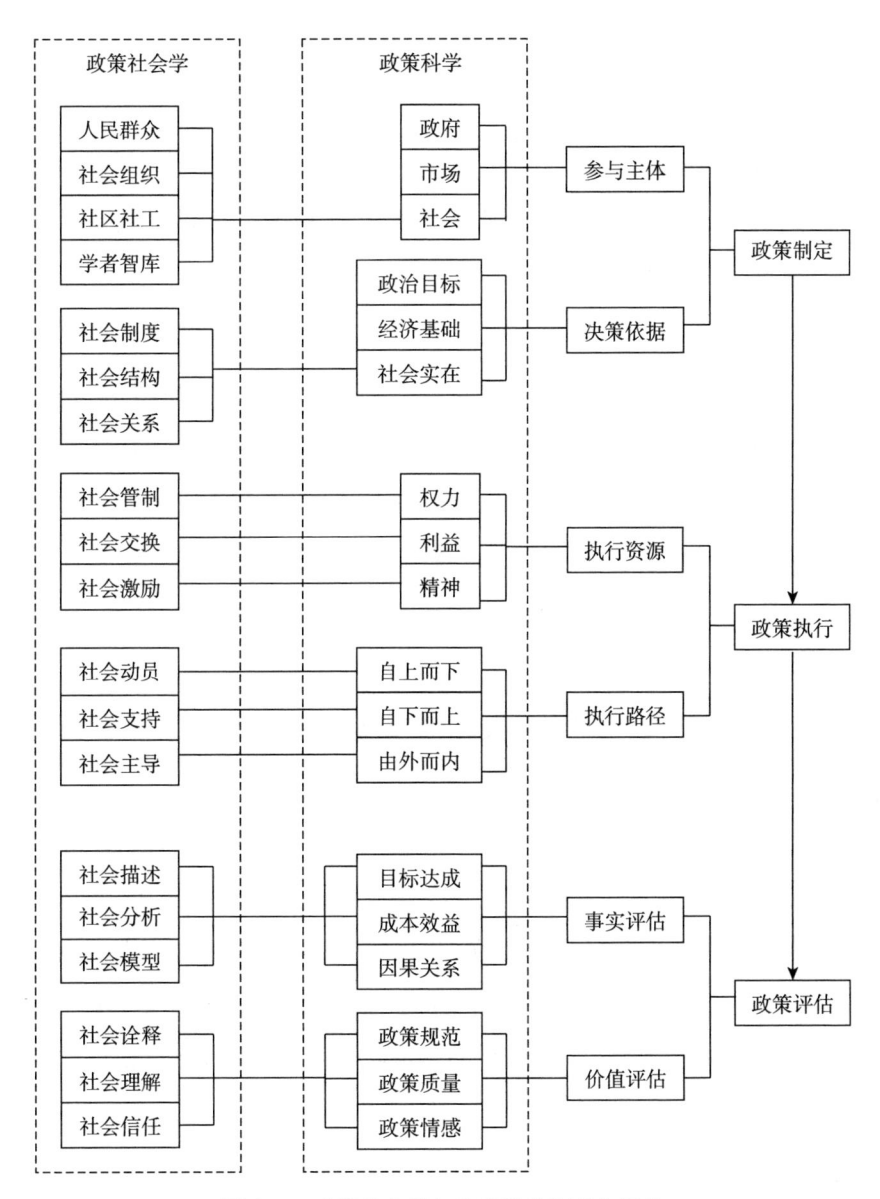

图 4-1 政策社会学与政策科学的研究框架

战略。政策科学认为政策制定的关键建立在对政治目标的明确、经济基础的清晰和社会实在的匹配上（Ansell et al.，2017）。

政策的执行是为了达到特定的经济社会或政治目标。政策执行程序是政策从制定到落地的关键环节。一个合理、高效的执行体系能够确保政策意图得以准确、及时地实现，从而达到政策制定的初衷和初心。通过深入研究政策执行程序，可以优化政策环节，提高政策效率。

大多数学者一致认为，政策评估是政策实施的关键（Mazmanian & Sabatier，1983）。执行和评估被认为是两个不同的阶段，是同一枚硬币的两面，执行为评估提供实践经验，而评估为执行提供情报（Pressman & Wildavsky，1984）。公共政策评估的"休谟问题"（Humean Problem）：事实与价值是政策科学关注的焦点。

三 政策社会学与政策科学：原则一致的政策制定

政策的起点自然是政策本身（Mthethwa，2012）。许多政策之所以失败，就是因为它们设计得不好（Schneider & Ingram，1988；Ingram & Schneider，1990）。如果政策"一诞生就残破"（Hogwood & Peters，1985：23），那么即使是"世界上最好的公共官僚机构也没有机会使它们成功"（Linder & Peters，1987：461）。为了避免政策制定的失败，政策社会学和政策科学都采取了原则一致的"民主决策"和"问题导向"。

（一）民主决策的政策制定

虽然政治概念的清晰性和市场经验的严密性是进行政策制定

的重要目标,但同样重要的是,这种制定应以民主精神和公民参与为基础(Drzek & Torgerson,1993;Yanow,1996)。政策科学最为重视"民主决策原则",Fischer(1995)、Dryzek(1999)和DeLeon(1997)都提倡"政策科学的民主化"。以民主方式来制定政策是有必要的,更多的民主比更少的好,公民在行政活动中要"最大限度地参与"(P. DeLeon & L. DeLeon,2002)。政策社会学特别关注"社会参与原则"。社会参与是赋予政策受众的一种权利,又称参与权,指社会大众有权参与政府政策的制定、执行和评估。对于政策社会学来说,它特别重视保证公民这一权利的实现。例如,Brown 和 Stewart(1993)对美国航线管制的分析揭示出了影响政策制定的三个社会联盟:(1)支持管制的联盟,由主要的航空公司、大多数的航空联盟、较小的机场和他们的立法同盟者组成;(2)反对管制的联盟,由较小的航空公司、较大的飞机场、大多数的消费者、一些经济学家和他们的立法同盟者组成;(3)放松管制的联盟,其成员大部分是学院派经济学家和消费者集团。美国民用航空委员会(CAB)的政策过去通常是支持航空管制的,但是它会根据政府情况而摇摆不定,从一个支持管制的政策转变成一个要求放松管制的政策(萨巴蒂尔,2004:170~171)。

(二)问题导向的政策制定

政策社会学强调政策要"拥抱社会",以社会实在为基础,提出解决问题的方案(布洛维、郑翔,2007;冯仕政,2019)。

本部分重点分析政策社会学与政策科学决策依据的共同点：社会实在决定的问题导向。

1. 制度约束与政策框架

社会制度影响政策的制定和这些政策如何付诸实践；社会制度因素既可以为政策的有效实施提供机会，也可以对政策的无效执行作出限制（Calista，1994：119）。制度与政策的关系，从一定意义上讲是内容和形式的关系。政策是社会制度的"具象化"，社会制度是政策的实质和灵魂，存在"制度边界"。政策会因为社会制度的不同而"差异化"，不同国家在相同或不同时期的社会制度常常是不同的，因而形成了各自不同的政策模式。不同的社会制度有不同的政策执行效率；同样的政策，在不同的社会制度下，其表现形式和运作过程、方式也是不完全一样的。而政策系统又反过来影响社会制度的调适和变革。

2. 结构基础与政策依据

中国正处于全面而深刻的社会转型过程中，社会结构是分析政策制定和政策执行最重要、最基本的工具之一，具有极为重要的理论意义和现实意义。政策本身是一个运动、发展的过程，它的制定原则和设计目标受到社会结构的影响和作用，对社会结构产生"路径依赖"和"预期适应"。例如，当人口结构是"多子年轻化"时，国家提出了计划生育的基本国策；当人口结构转变为"少子老龄化"后，国家实行了放开三胎的生育政策。

3. 关系网络与政策导向

政策制定的社会关系具体包括：（1）政策主体与政策客体之

间的关系，即政府与社会的关系；(2) 政策主体之间的关系，即各级政府部门之间的关系；(3) 政府与市场之间的关系；(4) 市场与社会之间的关系；(5) 社会内部之间的关系。由于地位、资源、正式权威、信息获取和专业知识的差异，社会关系的不同网络结构带来了不同的政策走向（Wallerstein & Duran, 2006）。

四 政策社会学与政策科学：表里相依的政策执行

政策执行一直被认为是政策过程中一个独特的阶段，其代表了政策理念或期望向旨在解决社会问题的行动的转变。对政策执行的研究就是对变化的研究：变化是如何发生的，可能是如何诱发的。政策社会学和政策科学对政策执行的研究恰好构成了表里相依的双螺旋实施机制。

（一）政策执行的资源与外化

1. 权力与社会控制

政策科学的研究表明，权力对于有效的政策执行至关重要。政策执行被视为一种强大的权力管理的产物，包括控制、强制和遵从，以确保与政策目标的一致性（Mazmanian & Sabatier, 1983）。而权力体现在社会层面，主要表现为社会控制。社会控制是指社会通过风俗、习惯、宗教、法律、道德等方面的社会规范对个人或群体的行为施加约束的过程（邓伟志，2009：26）。

2. 利益与社会交换

社会交换理论的重要原则——互惠原则对政策执行具有重要

意义（Gouldner，1960）。互惠原则整合了个人主义和集体主义两种理论，个人主义观点强调政策执行要重视个人在交换中涉及的本我和经济自利；集体主义观点强调政策执行要重视群体的社会需求。

3. 精神与社会激励

政策科学认为，物质和精神都是可以调动的政策资源，激励各种公共和私人行为者参与到协同政策设计和适应性实施的过程中来（Ansell et al.，2017）。而政策社会学重视社会激励的作用和影响。社会激励是社会利用资金、资源、福利、情感、心理等为政策执行提供精神激励与支持。社会激励性工具给政策对象一定的自由——他们自己可以决定是否采取行动。例如：为满足安全需求的是"保障激励法"，为满足归属感、情感等社交需求的是"感情激励法"。

（二）政策执行的路径与内涵

1. 自上而下与社会动员

政策执行发展的里程碑是由 Pressman 和 Wildavsky（1973）提出的著名的自上而下路径，着眼于政治决策者制定的公共政策是如何传达给负责执行的较低级别的公共管理者的。决策者通过长长的执行链与当地基层机构联系在一起，这些执行链有许多否决点。在每一个否决点上，不明确的目标、政治冲突、相互竞争的义务、联合行动的复杂性，或缺乏资源、技能和承诺，都可能导致误差与偏离，从而大大降低成功执行的机会，增加失败的风险。从上而下的执行链越长，失败的风险就越高。因此，自上而下的路径常常需要各个执行层级的社会动员。社会公民的自发动员，志愿组织、利益集团和行业协会的积极动员通常能够在与政府的互动中提升政策的绩效（王诗宗、杨帆，2018）。

2. 自下而上与社会支持

长期以来，自下而上执行的理论家坚持认为，专业人士和社会组织拥有重要的技能和资源，并拥有实用的知识，可以支持决策者和政府官员更好地理解政策和解决问题（Lipsky，1980；Hill，1993：379）。

3. 由外而内与社会主导

由外而内的解释认为，执行问题也可能是由目标群体和私人利益相关者的意外和不可预见的行为造成的。即使政策对象符合官方要求，但没有人能保证公共政策能成功地消除执行问题。因为它可能是由自我循环的社会经济系统产生的，由外部动态驱动，几乎不可能通过中央政治和司法控制来影响（Teubner & Willke，1984）。这些由外而内的解释让我们超越了街头官僚的自由裁量行为，找到了政府部门以外的行为反应和政策逻辑中社会主导的根源（Ansell et al.，2017）。

五　政策社会学与政策科学：花开两朵的政策评估

（一）政策评估的事实分析

1. 目标达成与社会描述

政策目标是政策执行预期可以达到的目的、要求和结果。任何一种政策，都有自己特定的目标。比如我国的文艺政策，目的就是"促使作家们创造出具有较高艺术价值的作品，满足广大人民群众的精神需求"，这事实上就是一种政策目标的社会描述。社会描述是根据社会的需求，描述社会对政策的目的和要求。对于政策目标的社会描述具体包括：（1）合法性，政策的全过程要符合立法精神和法律规范；（2）明确性，政策目标要清晰、准确、具体和可界定，切忌笼统不清；（3）可行性，政策目标的完成是可以且可能实现的，不切实际、好高骛远，必然会导致公共政策的难以完成；（4）效率性，政策体系能够高效、迅捷地完成预设目标；（5）公平性，公共政策是为人民大众多谋取福利的工具手段，最为关键的就是能够惠及每一个群体和个体；（6）预测性，确定公共政策目标时要使其符合未来的发展需要，符合未来发展趋势和潮流。

2. 成本效益与社会分析

在讲究效率的社会环境下，成本控制和效益最大化成为每个政策关注的焦点问题。如何科学分析政策的各项成本构成及影响绩效的关键要素，找到成本控制的核心思路和关键环节成为政策评估的核心问题。成本控制绝对不仅仅是单纯的压缩经济费用，它需要与宏观社会环境、政策的整体目标、政策的社会导向、政策执行模式等有效结合。需要建立起科学合理的社会分析与核算系统，让政策的制定者、执行者能够全面、清晰地了解影响政策评估的成本构架、盈利情况。

3. 因果关系与社会模型

因果关系是一个事件（即"因"）和第二个事件（即

"果") 之间的作用关系，其中后一事件被认为是前一事件的结果。政策科学越来越看重政策与事实之间的因果关系（Mazmanian & Sabatier，1983）。政策社会学也认为，要对政策系统进行深层次的因果分析。在调查数据、深度访谈、搜集文献、选取模型的基础上，研究政策制定的社会基础、政策执行的社会工具、政策评估的社会价值，力求发现社会系统与政策系统之间的新关系、新观点和新理论。社会学常用（但不是社会学独有）的政策因果评估模型包括随机对照试验法、多元回归法、工具变量法、断点回归法、双重差分法、倾向匹配法、合成控制法等。

（二）政策评估的价值分析

系统地提取利益相关者的价值观是一个有用的策略，这些价值观告知评估的规范、评估政策的质量和情感的选择（Henry，2002）。

1. 政策规范与社会诠释

不可否认也不能忽视——任何一个政策体系都有着一定的实施规范和执行标准。政策科学的基础研究为什么要聚焦于规范呢？因为在缺乏规范标准的情况下，政策探索是不可能适当的（Voros，2007）。因此，研究人员和实践者都必须充分意识到政策的规范与标准是什么，以及它适合的形式、领域和目的。任何形式化的政策探究方法都会产生特定的承诺和规范，这些承诺和假设是由社会诠释构成的，包括本体论、认识论、方法论和价值论等。本体论问题：什么是"政策"的本质？认识论问题：如何认识"政策"？方法论问题：认识政策、执行政策的方法是什么？价值论问题：什么是政策的内在价值？这种由社会诠释所创造出来的独立性是区分一个政策研究是否合乎逻辑和现实的关键标准。如果没有这样的诠释，我们可能很容易成为仅仅机械地执行政策的行动者，而无法真正理解政策是什么、意味着什么，或者在任何更大的知识框架中无法将它们情境化。因此，我们必须明确和自觉地考虑政策的社会诠释意义。

2. 政策质量与社会理解

拉斯韦尔提出政策科学是基于"洞察力"而获得的"对人的理解"（Lasswell，1958：96）。马克斯·韦伯是最早把理解当作一种方法来加以使用的社会学家，他在强调社会学的客观性、价值中立性的同时，还强调社会行动是有主观意义的而且是可以理解和解释的（邓伟志，2009：61）。政策的评估也是社会行动的一种特定方式，也是可以理解且急需解释的。政策社会学的"社会理解"概念强调在承认本体论主体性的基础上，从他人的角度理解事物，提高公众对政策质量的认同感，从而有利于调动更多社会资源参与到公共政策过程中来，减少政策执行的阻力与偏差。

3. 政策情感与社会信任

政策向善是指政策的最终目的是人文关怀、表达社会善意，是情感支持与互动。公共政策是社会治理的手段，更是公平正义的表现。政策实行的好与坏，不是领导者说了算，也不是政策制定者说了算，而是由社会的认可度和人民群众的信任度所决定的。中国人强调"将心比心""心心相通""推己及人",中华文化倡导"设身处地""己所不欲,勿施于人"(张明波,2013)。国际经验的政策关怀也值得我们借鉴,如1977年英国的《住房法》规定,向某些"优先"群体内无家可归的人提供住处。这些优先群体包括:有小孩的家庭、老年人、病人以及由自然灾害如洪水、火灾等造成的无家可归的人。地方当局要为无家可归者提供临时性帮助,为与本地有某种联系(有细致的定义)的无家可归者提供永久性帮助(希尔,2005:302)。

六 总结

政策社会学是社会学和政策学的交叉学科,主张运用社会学的逻辑和方法去研究各项政策,并关注政策系统对社会系统的适应与改造;政策科学是多学科的交叉,它并不特别重视是社会学、经济学还是政治学的哪个范畴,主要关注的是政策的实践性、针对性和有效性。政策社会学和政策科学这两门学科既包含对政策体系的客观因果性探讨,又包含对政策过程的主观意义理解。

第五章　政策社会学与社会政策学[*]

> 非知之艰，行之惟艰。
>
> ——《尚书》

政策研究的一个关键特征是开发和使用几种不同的分析框架，以帮助捕捉政策过程的主要特征和动态。这些框架旨在超越政策制定事件的特殊性，描述这些过程背后的一般因素和机制，并引导政策变化以产生不同类型的政策结果。这样做的目的是指导调查人员并帮助学生和从业者理解构成政策制定的一系列复杂的社会政治活动，解释政策产出和结果。政策社会学和社会政策学的名字很相近，看着很相似。那么，这两者是不是一个分析框架呢？

一　社会政策学的历史来源与学科发展

如今，"社会政策"是一个在全球广泛使用的表达方式，用来表示广泛的问题，如养老保障、教育、医疗、健康、住房等

---

[*] 感谢北京市委党校硕士研究生刘旭东对于本章写作的帮助和贡献。

（Kaufmann，2013）。从国际上看，社会政策的兴起通常被视为对工业化和资本主义市场化的反应，这在政治经济学中也是有理论依据的（Esping-Andersen，1990）。现代"社会政策"概念为德国人首创，在德文文献中，"Social Policy"被表述为"Sozial Politik"。1872年，德国的一批经济学教授基于德国严重的劳资冲突、工人运动的快速发展而提出成立德国社会政策协会，旨在通过政府制定政策对工人施惠，从而减少工人的反抗情绪，实现社会公平和社会稳定。可见，社会政策概念从诞生之日起，就与社会结构、社会资源分配有着密不可分的关系。

社会政策学成为一门学术科目的时间较晚（Bulmer，1984），虽然19世纪末新历史学派学者所创立的德国"社会政策学会"已经提出了"社会政策"（Social Policies）概念，但是作为一门学科的"社会政策"则是在英国由社会行政学脱胎而来。20世纪中期以后，由于经济学、政治学和系统科学等学科的加盟，源于社会福利理论的社会政策才逐渐成为具有开放性、交叉性和系统性等特点的独立的应用社会科学学科（宋义明、张娟，2009）。"社会政策"作为一门课程名称被正式提出源自费边社会主义代表人物之一、伦敦政治经济学院社会行政系教授理查德·蒂特马斯（Richard Titmuss），他于20世纪60年代中期在伦敦政治经济学院授课时首次将社会管理课程更名为"社会政策"（臧雷振、陈诺，2021）。蒂特马斯在《社会政策问题》（1950年）、《福利国家论集》（1958年）、《收入分配与社会变迁》（1965年）等著作中对社会政策学进行了阐释，确定了社会政策学的学科边界、研究议程等。由此,"社会政策"逐渐取代"社会行政"成为一门学科(臧雷振、陈诺,2021)。哈特利·迪安(Hartley Dean)在《社会政策学十讲》中深入地分析阐释了社会政策学相关概念、来源等,并将社会政策学定义为"关于人类福祉、对于福祉所必需的社会关系以及福祉赖以提升的各类制度的研究"(Dean,2019)。

二 政策社会学与社会政策学的相似性

政策社会学与社会政策学两者都围绕着"社会"和"政策"两个关键词组织起了各自学科的理论概念、逻辑体系,在研究对象、学科特性、价值理念等方面存在着诸多重叠与差异。

首先,在研究对象上,政策社会学和社会政策学的研究关注点都涉及社会保障、医疗卫生、教育、住房和个人社会服务等关乎社会民生方面的政策,强调通过政策实施来实现公民社会生活方面的改善,以此来解决社会问题,稳定社会秩序(陈志光、李兵,2022)。但具体来看,政策社会学是运用社会学的理论与方法对"政策"这一特殊的社会现象进行分析研究,其所涉及的"政策"范围远大于社会政策学,不单单涉及社会政策,还涉及经济、科技、文化等多方面的政策。而社会政策学则以涉及医疗卫生、就业、教育和住房等与社会民生息息相关领域的社会政策为专一研究对象,所研究的政策范围较政策社会学来说相对集中。

其次,在学科特质上,两者都具有学科交叉性。政策社会学运用社会学和政策学的理论知识与方法,针对"政策"这一特定的社会现象,研究社会与政策之间的相互关系和互相作用,是社会学和政策学的交叉学科(陈志光、李兵,2022)。社会政策学具有更强的边缘性和交叉性,其在不断的发展演变中以"适用"和"实用"为标准,将社会学、经济学、政治学和社会工作等学科的理论知识与方法加以融会贯通,突破了各学科之间原有的壁垒隔阂(唐钧,2009)。

最后,在价值理念上,两者都秉持"公平""社会参与"等价值理念。政策社会学强调"社会参与",在政策制定等政策过程的研究中强调对社会参与者的分析(陈志光、李兵,2023)。譬如,政策研究者在对美国航线管制的政策分析中关注到有着不同利益的社会团体和组织作为社会联盟对航线管制的影响(萨巴蒂尔,2004)。社会政策学也将"公民参与"视为社会政策的基石,蒂特马斯认为社会政策的制定是在众多主体的政治社会目标的冲突矛盾中进行平衡和选择,在这样一个过程中,"公民参与"是不可或缺的(Titmuss,2011)。

三 政策社会学与社会政策学的差异性

政策社会学和社会政策学也存在差异性,二者研究不同类型的问题,寻求不同类型的知识。

(一)哲学基础不同

政策社会学的哲学视野更为理性,社会政策学的哲学视野更为感性。政策社会学的哲学基础以结构主义为主导，社会政策学的哲学基础以建构主义为主导。

1. 政策社会学侧重结构主义的哲学研究

结构主义社会学是一种对社会现象进行研究的理论和方法论。它强调社会现象的结构和相互关系，认为社会是由各种相互作用的结构组成的，而这些结构决定了社会的运行和发展。结构主义社会学的理论基础可以追溯到法国学者埃米尔·迪尔凯姆（Emile Durkheim）和克劳德·莱维-斯特劳斯（Claude Levi-Strauss）的研究成果。迪尔凯姆强调社会规范和价值观对个体行为的影响，认为社会是由各种社会规范和制度组成的。莱维-斯特劳斯则关注社会中的符号和象征系统，认为社会是由各种符号和象征组成的。结构主义社会学将社会看作一个复杂的系统，通过研究不同社会现象之间的相互关系和结构，揭示社会的运作规律和内在逻辑。它强调整体和部分的关系，认为社会现象是由各个部分相互作用而形成的。例如，结构主义社会学可以通过研究家庭、教育、政治等各个领域的结构和关系，来理解社会的运行和发展规律。结构主义社会学的方法论也十分重要。它强调对符号和象征系统的解析和解释，通过对语言、符号、象征等的分析，来揭示社会意义和社会结构。例如，结构主义社会学可以通过研究语言符号的使用和变化，来分析社会的意义和价值观。

2. 社会政策学侧重建构主义的哲学研究

建构主义认为，政策不是既成的，而是社会因素的建构。在社会政策学中，这一观点体现为对社会政策的理解和解决策略的制定都是基于社会环境和文化背景的建构。社会政策不仅是对现实问题的回应，同时也是在特定社会结构和文化背景下的产物。社会政策学的建构主义学习理论的基本内容可从"政策的含义"（即关于"什么是政策"）与"政策的方法"（即关于"如何进行政策研究"）这两个方面进行说明。关于政策的含义，建构主义认为，政策不是通过政策执行传授得到，而是政策对象在一定的情境即社会文化背景下，借助其他人（包括政策组织者和政策宣传者）的帮助，利用必要的政策资料，通过意义建构的方式而获得。由以上所述的"政策"的含义可知，政策的质量是政策对象建构能力的函数，而不是政策对象重现政策过程的函数。换句话说，获得政策的多少取决于政策对象根据自身经验去建构有关政策意义的能力，而不取决于政策对象记忆和背诵政策讲授内容的能力。这是政策理论由行为主义发展到认知主义以后的进一步发展，它从认识论的高度揭示了政策的建构性原则，强调了政策的能动性。

（二）研究内容不同

虽然如前文所述，政策社会学和社会政策学有很多相同的研究内容，但两者也有很多不同的研究范围。

1. 政策社会学的研究内容

政策社会学是社会学和政策学的交叉学科，并不仅仅研究社会政策，还关注用社会学的逻辑和方法去研究经济政策、生态政策、外交政策甚至军事政策（见图 5-1）。在原则上，有多少种社会学分析范式，就会有多少个政策社会学研究领域。作为社会学的研究分支，政策社会学在很大程度上沿袭了社会学的基本范式，自诞生之初就继承了社会学一贯的研究逻辑，更加注重从理论方面对政策过程以及政策与社会之间的关系进行探讨。

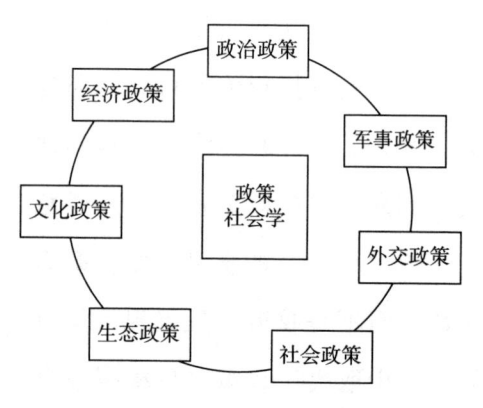

图 5-1 政策社会学的研究框架

例如，在情境主义思想的影响下，政策社会学特别强调政策过程的情境性原则。情境作为某物或事情存在或发生的境况影响着社会政策活动的发生模式（Lasswell，1970），情境主义则根据情境的复杂性和相互关联性来解释世界，其观点的核心是将社会现实视为活跃、持续和变化的事物的概念。政策社会学认为处于情境中的政策才具有意义，正确定位政策过程需要处于过去、现在和未来的连续体中（陈志光、李兵，2023）。同时，由于政策社会学创立之初的特殊理论背景和研究内容，其范式还受到政策情境主义和以"批判和解构"为特征的后现代主义、后结构主义理论的影响。在犯罪领域（Uggen & Inderbitzin，2010）、公共卫生领域（Goraya & Scambler，1998）、社会交往领域（Cohen，

2019）有着广泛的具体应用。

再比如，作为政策社会学最初重要研究领域的教育政策社会学，在开创之时正处于传统公共政策研究范式转变时期，在同时代批判理论、后结构主义和后现代主义等社会理论的影响下，政策社会学立足于批判性社会理论传统，主张从"为政策而研究"（Research for Policy）转向"对政策进行研究"（Research of Policy），吸收借鉴后结构主义、建构主义和解释主义方法论，采用质化和阐释的方法，历史地研究社会问题（Ozga，1987）。利用政策民族志（Ethnography）、诠释学（Hermeneutics）、政策轨迹分析（Trajectory Analysis）、福柯式话语分析（Foucauldian Discourse Analysis）等独特的概念与理论工具，了解政策过程所涉及个人经历背后的社会结构要素及权力关系，以这些个体行动者各自所经历的历程为起点，考察其如何感知与理解所处其中的社会结构与文化环境（余晖等，2021）。

2. 社会政策学的研究内容

不同于政策社会学，社会政策学的产生更多是源于解决和研究现实社会问题的需求的推动（见图5-2）。实践上，"社会政策"的实施可上溯到1601年英国颁布的《伊丽莎白济贫法》，其以解决贫困流浪者的生存问题、维护社会秩序为目的，是一项实用性的国家干预工具。而"社会政策"（Social Policy）这一概念则最早出现在19世纪70年代威廉一世治下的德国时期。19世纪70年代，德国内部爆发的经济危机加剧了原本工业化进程中的工人大量失业和贫困等社会问题，以社会学家韦伯为代表的德国新历史学派的诸多学者与知识分子共同发起成立了一个兼顾学术与政治性的团体——"社会政策学会",尝试研究当时德国在经济危机条件下伴随资本主义经济发展而来的各种社会问题,如用工问题、失业问题等,并希望借此推动国家立法和落实社会保障,以解决相关社会问题、缓和社会矛盾、保障普遍的公民基本权利。"社会政策学会"并不单单热衷于从社会经济发展的角度出发为政府施行有关经济政策出谋划策,其更强调从"社会"角度来看待问题。"社会政策学会"所从事的研究对德国颁布国民保险法案以及建立现代社会保障政策体系的实践起到了推动作用。此后,"社会政策"的观念以及学术研究在欧洲的诸多国家发展开来,以英国尤甚,在20世纪初期,经由英国社会行政学家理查德·蒂特马斯等人开创性的系统建构,社会政策学作为一个专门的学术研究领域得以形成(陈涛,1999)。随着社会政策学科实践的不断推进,社会政策的研究范式也在不断地发展演化,为及时总结社会政策学科实践成果以及推进整体实践进程做出了贡

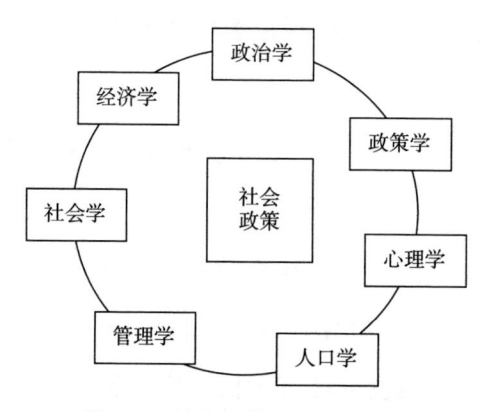

图 5-2 社会政策学的研究框架

献。"社会政策"自诞生之初即被作为一种社会干预工具来改善民众生活，维持社会稳定，直到20世纪60年代，"福利"一直被作为"社会政策"概念的核心。

自20世纪70年代后，面对日益加深的西方福利国家危机，西方社会政策学的研究关注点逐渐转移和聚焦到对福利国家的反思和重建上来。20世纪末，贫富差距的加大以及全球化过程中金融危机、生态危机的频发，迫使人们开始思考，逐步走出新自由主义的神话。20世纪80年代以来，詹姆斯·米奇利（James Midgley）、安东尼·吉登斯（Anthony Giddens）等西方社会政策学家、社会学家在《社会发展：社会福利视角下的发展观》《发展型社会政策：理论与实践》《第三条道路：社会民主主义的复兴》等书中，将"发展"理念引入社会政策学的研究之中，并在此基础上形成了新的社会政策范式——"发展型社会政策"（董才生、邬全俊，2015）。"发展型社会政策"强调对社会政策对象持一种"人类学"态度，认为社会政策的目标是满足社会政策对象自身的发展需要而不单单是生存需要。这一阶段，西方学者基于"发展"理念，从众多不同的研究角度提出了诸多理论，例如米奇利的"社会发展理论"、彼得·泰勒的"新福利主义"和吉登斯的"积极性福利社会"等。

（三）研究方法不同

1. 政策社会学的研究方法

政策社会学的理论核心问题是在对传统公共政策研究范式完

成超越的基础上形成的。政策社会学更强调用理论方式，从理论领域出发探讨政策体系的社会基础；社会政策学则是用实践方式，从社会生活实践出发探讨社会政策并致力于改善人民生活。政策社会学更强调知识"驱动"政策，贡献了许多知识利用的"工具性"模型。20世纪80年代，批判理论、后结构主义和后现代主义等社会理论的出现挑战了传统公共政策的研究范式，对其进行了诸多批判。这些理论也为政策社会学尤其是作为政策社会学最初研究领域的教育政策社会学提供了新的研究视角，启发政策研究者将政策当作一种社会行为来进行研究，揭示政策的本质（Raab，1994），以解释社会结构对于政策以及更为广泛的政策的塑造作用（余晖等，2021）。

　　政策研究不可能完全脱离和独立于对社会的整体研究，也就更无法离开对社会本质、变迁、结构和问题进行阐释的社会学（郭瑜，2016）。政策社会学作为社会学的一个研究分支，其与社会学学科本身的创立和发展有着密切的联系。古典理论时期的社会学家奥古斯特·孔德、赫伯特·斯宾塞和埃米尔·迪尔凯姆都将社会学作为一门能够影响人类行为的新学科，认为做社会学所进行的科学研究将成为必不可少的政策体系的一部分——用科学和理性改善社会。芝加哥经验主义学派的罗伯特·帕克和威廉·托马斯在古典理论时期思想家所奠定的理论基础上对"理论与实践"之间的关系进行了梳理，为社会学家在政策研究中选择正确的政策角色提供了理论支持（Janowitz，1976）。政策的社会学研究传统可追溯到卡尔·曼海姆，其在著作中对社会学知识和政策行动进行了详细的阐释，理性地分析了社会学知识和政策行动之间的关系，为政策社会学的学科建设提供了极为重要的分析论断（Janowitz，1976）。韦伯将价值、意义等引入政策研究中，强调从价值尺度本身出发来分析那些从纯粹技术上的考虑出发而无法得到解决的问题。韦伯和曼海姆的理论引导我们从具体的、社会的、价值的立场来对政策进行思考，而福柯（Michel Foucault）、布迪厄（Pierre Bourdieu）、伯恩斯坦（Bernstein）等关于"惯习—场域""知识—权力"等的理论则为我们提供了进一步分析这一特殊的社会现象——"政策"背后的社会结构与权力关系的概念工具（王海平，2017）。

2. 社会政策学的研究方法

社会政策学更强调用政策问题"刺激"学术知识，以提供直接解决方案。20世纪70年代，政策研究的方法从"分析—技术"视域走向"阐释—政治"视域和"议论—批判"视域。与政策社会学所具有的较强的理论性不同，社会政策学则有着更强的实践取向。社会政策学自产生以来，其研究就意在探明如何通过社会政策工具的有效利用，实现经济增长和社会公平的平衡，以期实现社会的良性运行与协调发展。社会政策学有较强的问题导向，并不满足于理论上建立宏大的体系，而更加注重通过提出实际有效的社会政策来解决具体社会问题，倾向选择更具实用性的研究对象和研究方法，是进行社会干预、改善社会现状的有效工具，是一门实践应用学科（房莉杰，2019），也常被人比作社会科学领域的"工科"。社会政策学主要关注社会方面的政策，但并不仅仅使用社会学的研究方法，还可以使用哲学方法、自然科学的方法、实验的方法等。与处于初创发展阶段的政策社会学相比，社会政策学已经进入成熟完善阶段，学科发展趋势呈现以下三方面的特点。一是研究议题和领域更加交叉、开放。社会政策学以"适用"和"实用"为标准将诸如经济学、政治学、行政管理学等学科的理论知识及方法引入自身学科内部（唐钧，2009），研究的议题也逐渐从单一国家或区域国家转向跨国比较和历时性分析（臧雷振、陈诺，2021）。二是研究方法走向技术化。社会政策学领域内部的研究分工趋向于精细化、具体化，不再满足于理论构建，而是持续深入地对某单一社会问题开展研究探讨，寻找更加可行和有效的方案与对策（李秉勤，2000）。三是学科院系更加专业化、系统化。各国高校的社会政策院系、社会政策研究中心以及诸多社会政策咨询机构层出不穷，纷纷加入社会政策的理论研究和实践应用中来，为社会政策学科的进一步发展培养了大批人才（臧雷振、陈诺，2021）。

总之，研究范式的出现是学科在其研究的科学领域中的发展达到成熟的标志。源于不同的时代背景以及发展历程，政策社会学与社会政策学在演变成长过程中形成了各自不尽相同的研究范式和逻辑：政策社会学在自身学科特性以及19世纪70年代的社会理论影响下，形成了诸多带有后结构主义、后现代主义色彩的研究范式，是对"政策"这一社会现象进行的经验研究，是两大类社会学研究——"描述性研究"和"解释性研究"的结合；而社会政策学则在百余年间的漫长理论进程中不断补充和更新着自己的研究理念、理论范式，由"生存型"转向"发展型"，在研究逻辑上则形成了相对于政策社会学"描述性研究"和"解释性研究"的"对策性研究"，注重为具体的社会问题提供实际有效的政策解决方案。因此，若将社会政策学看作"工科"，那么社会学或者说政策社会学则可被看作"理科"（唐钧，2009）。

四 政策社会学与社会政策学的未来发展

政策社会学是社会学和政策学的交叉学科，其植根于社会科学传统之中，将政策看作社会现象，运用社会学和政策学的理论、方法，研究社会系统和政策系统之间的相互作用、相互影响，以期打破政策分析的"分析—技术"视域，厘清政策背后的社会结构和权力关系。社会政策学在40余年的稳步发展过程中，继承了社会学和政策学的理论与方法，形成了自己"基于证据"的政策制定方法，对社会体系和政策体系的相互关系、相互影响开展了广泛的研究，对国际社会形成了有影响力的教育和指导。对正处于初创发展阶段的政策社会学来说，其学科建设和研究还有着诸多不足，例如，目前政策社会学研究领域大多数集中于教育政策领域，研究内容较为单一，理论范式不够完善，而其余应当属于政策社会学研究范围内的、关于社会与政策的研究并未被纳入政策社会学的学科范围，学科体系不够健全（陈志光、李兵，2022）。政策社会学的未来发展应当注重以下三方面：一是明确学科自身定位，厘清学科建设方向，明确研究领域边界，强化学科自身独立性；二是完善理论体系建设，以社会学、政策学等基础理论为根基，进一步深入分析研究政策体系的主要概念、基本内涵和建设经验，增强学科的理论性；三是推进学科实践，在对理论不断进行更新完善的同时，注重理论与实践的结合，在实际的社会生产生活中检验理论、完善理论，推动人类社会政策体系的完善发展（陈志光、李兵，2022）。

社会政策学是关于人类福祉、对于福祉所必需的社会关系以及福祉赖以提升的各类制度的研究，其专注于与每个社会成员个人生活福利以及平等所息息相关的政策领域，将解决社会问题、实现社会长远协调发展和改善社会福祉作为社会政策的核心目标内容。社会政策学同样也是应对社会问题的产物（杨团，2000），作为一门学科，其学术关注目标专注于与每个社会成员个人生活福利以及平等所息息相关的政策领域，将解决社会问题、实现社会长远协调发展和改善民众福祉作为社会政策的核心目标内容（黄晨熹，2008）。随着社会结构的不断变化和多元化趋势的加剧，社会政策学将更加关注不同社会群体之间的差异化和多元化需求。在制定社会政策时，将更加注重公平性和可持续性，以满足不同群体的利益诉求。面对全球化的发展趋势，社会政策学将加强国际合作与交流，借鉴其他国家和地区的成功经验，共同应对全球性社会问题。同时，社会政策学还将积极参与国际政策制定和评估工作，提升其在国际舞台上的话语权。

政策社会学和社会政策学这两门学科虽在各自不同的演变发展过程中衍生出了不同的研究内容、范式方法，但追根溯源两者都将解决当下社会所面临的问题，以理论或实践研究的推进来让政策更好地维护个人权利、促进社会发展进步作为出发点和关注点。在相似的时代社会态势中，政策社会学以业已成熟的社会学的理论与方法为基础，通过对社会生活中的特殊社会现象——"政策"进行社会学分析，研究社会系统和政策系统之间的相互作用、相互影响，以期打破政策分析的"分析—技术"视域（曾荣光，2007），厘清政策背后的社会结构和权力关系，颠覆现存的社会不平等秩序。因此，解决当下社会所面临的问题，以理论分析研究之推进或实践行动方法之改善，让政策更好地维护个人之权利、促进社会之发展进步是政策社会学和社会政策学在初创之时的共同出发点和关注点。由此出发，政策社会学和社会政策学在各自不尽相同的学科演进过程中遥相应和，围绕着相互交织的研究领域生根发芽，花开两朵，各表一枝。

下篇

理论篇

一个民族要想站在科学的最高峰,就一刻也不能没有理论思维。

——恩格斯

第六章　社会制度与公共政策

经国序民，正其制度。

——《汉纪》

社会制度（Social Institution）是指反映并维护一定社会形态或社会结构的各种制度的总称。不同国家在相同或不同时期的社会制度常常是不同的，因而形成了各自不同的政策模式。19世纪60年代，美国学者哈罗德·威伦斯基（Harold Wilensky）和查尔斯·勒博克斯（Charles Lebeaux）在对社会制度和政策建设两者之间关系的研究中，提出了福利体制的"二模式说"："剩余模式"和"制度化模式"。在"二模式说"的基础上，英国学者理查德·蒂特姆斯（Richard Titmuss）以三分法提出了福利体制的"三模式说"："剩余模式"、"工业成就表现模式"和"制度化再分配模式"（张佳华，2013）。新中国成立后，我国的政策体系建设受到了社会体制改革的影响和作用，以改革开放为分界点，计划经济体制下的政策体系和市场经济体制下的政策体系呈现出不同的特点（吕朝华，2019）。从强调保障人民基本权利，到提高市场效率、激发市场活力，再到缩小贫富差距、追求社会公正。

在改革开放以前，受计划经济体制平均分配的影响，这时的政策目标特别关注避免不同人群之间收入差距的扩大，并且在政策执行的过程中，对人民基本权利的重视程度甚至超过了对生产生活效率与效能的需求，因此，受到社会制度影响的政策体系更加注重绝对平均而不是相对的公平公正。例如，从1949年至1978年，我国城镇住房保障制度是一种以国家和企事业单位统包、低租金为特点的平均主义的分房制度。这种住房制度有以下特征：一是住房投资建设的公共性，二是住房分配的实物福利性，三是住房经营的非营利性，四是住房管理的行政化（宋士云，2009）。改革开放初期，市场经济体制逐渐确立，受经济制度"效率优先、兼顾公平"要求的影响，各种政策体系事实上更为注重效率（吕朝华，2019）。以住房政策为例来看，1980年6月，中共中央、国务院批转《全国基本建设工作会议汇报提纲》，提出"准许私人建房、私人买房，准许私人拥有自己的住房"，正式宣布实行住房商品化的政策，自此拉开了城镇住房制度改革的序幕。但在党的十八大以后，中国特色的经济社会制度进一步确立，住房政策对应地更加重视公平公正。党的十九大报告提出：坚持房子是用来住的、不是用来炒的定位，加快建立多主体供给、多渠道保障、租购并举的住房制度，让全体人民住有所居（李宏、闫坤如，2019）。又例如，Dobbin（1994）引人注目的著作《打造产业政策：铁路时代的美国、英国和法国》指出，从1852年至1900年，这三个国家的工业政策由于社会制度的不同而产生了法律化的差异：在美国，地方自治和联邦国家控制力弱小，使得铁路的管理规范转变为反垄断和对私人创业实施保护的政策；中央集权的国家传统使得法国当局对铁路的计划和运行都采取强力的法律干预；而在具有精英保护传统的英国，则产生了以庇护那些展现出企业家精神的小公司为主旨的法律政策（斯梅尔瑟、斯威德伯格，2009：21）。

一 问题的提出：制度对政策过程至关重要吗？

政策，是人们十分熟悉的一种社会政治现象。毛泽东同志说："政策和策略是党的生命。"《汉纪》说："经国序民，正其制度。"社会制度对政策过程至关重要，所有的政策过程都是由制度约束（Institutional Constraints）的。虽仁者见仁，智者见智，但制度攸关（Institutions Matter）得到了大多数政策人士的认可。所谓制度攸关，可以从政策的三个步骤来理解：（1）制度对政策制定的塑造；（2）制度对政策执行的影响；（3）制度对政策评估的作用。因此，就产生了研究制度与政策关系的理论和实践需求，换言之，制度政策学由此诞生。

二 制度主义的源流、概念与内涵

（一）制度主义的渊源

制度主义作为一种社会科学著名的研究范式，在政治学、经济学、社会学等众多学科中拥有悠久的历史传统（蒋晓平，

2014)。诸如亚当·斯密的《国富论》、马克思的《资本论：政治经济学批判》以及韦伯的《新教伦理与资本主义精神》等不朽作品都是制度研究的重要代表（石凯、胡伟，2006）。

1. 政治学的制度主义

从政治学在 19 世纪末正式成为独立学科时算起，制度就是西方政治学界的主要研究对象（李国强、徐湘林，2008）。此时的制度研究被后人称为"老制度主义"，其特征主要是：注重法律，把法律作为主要的研究对象；注重正式的政治结构，认为是这些正式的政治结构决定着人们的政治行为；具有整体性的特征，力求对政治制度的完整和全面的把握；具有历史性的特点，总是把历史作为分析问题的基础；具有伦理道德倾向，对政治制度做出价值评判（张桂琳，2002）。在经历了一段制度研究的低潮后，经过重新发现制度（Rediscovering Institutions）与回归制度（Bringing Institutions back in），到 19 世纪 70 年代末 80 年代初，新制度主义思潮开始在社会科学各个领域中兴起。马奇和奥尔森在《美国政治学评论》期刊上撰文，正式宣告政治学领域内新制度主义的诞生（陈朝宗，2010）。新制度主义"新"在：从正式制度到非正式制度，从宏观制度到中观乃至微观制度，从静态的、独立的制度到动态的、嵌入的制度，从结构主义到制度主义，从偏好漠视到偏好重视（石凯、胡伟，2006）。

2. 经济学的制度主义

制度经济学的先驱可以追溯到苏格兰启蒙思想家，包括休谟（David Hume）、弗格森（Adam Ferguson）和斯密（Adam Smith）

等。他们揭示出了人类文明的制度基础及其演化的性质（柯武刚、史漫飞，2002：39~40）。19世纪末20世纪初，在美国以凡勃伦（Thorstein Veblen）、罗杰斯（John Rogers）、米切尔（Wesley Mitchell）等为代表，形成了制度经济学派。制度经济学派重视对非市场因素的分析，诸如制度因素、法律因素、历史因素、社会和伦理因素等，其中尤以制度因素为甚，强调这些非市场因素是影响社会经济生活的主要因素。因此，他们以制度为基础，研究"制度"和分析"制度因素"在社会经济发展中的作用。著名经济学家诺思（Douglass C. North）在《制度变迁和美国经济增长》（1971年）、《西方世界的兴起》（1973年）、《制度、制度变迁和经济绩效》（1990年）三本书中，通过对经济史的研究得出以下结论：创新、规模经济、教育与资本积聚等其实是经济增长的结果，而不是导致经济增长的原因；制度根源决定经济政策和经济绩效（卢周来，2009）。

3. 社会学的制度主义

社会学作为一门学科，自建立之日起，就与社会制度的研究和制度变革的比较分析密切相关。社会学者一直认为制度影响着社会和经济行为。从历史上看，最丰富的制度主义传统就存在于社会学之中。社会学中的许多经典理论家可以算作制度主义者。早在1898年，迪尔凯姆就通过对文化、信仰、经济和政治的分析，提出了作为共享信仰、规范和情感的"制度"概念，建立了致力于制度比较分析的现代社会学。马克斯·韦伯也开始了类似的社会制度的解释性研究。帕森斯认为制度产生于社会建构，为个体提供激励，他的制度理论概括性地勾画了"受制度约束而选择"的观点。像帕森斯一样，他的学生、学术继承者默顿视制度为塑造利益和个体策略的社会实在（斯梅尔瑟、斯威德伯格，2009：65~66）。吉登斯曾概括性地指出，社会学"涉及社会制度的比较研究"。社会学者布鲁斯更是强调，社会学就是关于社会结构（Social Structure）和社会制度（Social Institution）的研究（马雪松、周云逸，2011）。

（二）制度的概念

那么，什么是制度（Institution）呢？制度是指制约和影响人们社会行动选择的规范系统，是提供社会互动的相互影响框架和构成社会秩序的复杂规则体系（郑杭生，2013：253）。诺思在《制度、制度变迁与经济绩效》中曾经指出，"制度是一个社会的博弈规则，或者更规范地说，它们是一些人为设计的、形塑人们互动关系的约束"（燕继荣，2020）。一般认为，制度分为三个层次：（1）总体社会制度，即社会形态，如资本主义制度、社会主义制度，它决定着该社会形态的社会性质，是制定各种制度的依据；（2）一个社会中不同领域里的制度，如经济制度、政治制度、文化制度、社会建设制度等，决定着不同领域内的具体模式和规则；（3）具体的行为模式和办事程序，如考勤制度、审批制度等（秦宣，2013）。而在诺思（North，1991：97）看来，制度由正式制度（如法规、法律和产权）和非正式制度（如认可、禁忌、习俗、传统和规范）构成。新制度主义者认为，正式制度主导着当代政治、经济、社会生活,但非正式制度可以强化正式制度,有时候非正式制度的惯例还可能支配正式制度(石凯、胡伟,2006;燕继荣,2020)。

(三) 制度与政策的理论关系

1. 制度主义政策的概念

制度主义政策是运用制度主义和政策科学的理论、案例、方法和技术,研究制度与政策之间的相互作用、相互影响的学科。

2. 制度主义政策的研究对象

第一,制度影响政策的机理、因素与程度。

第二,政策塑造制度的机理、因素与程度。

3. 制度主义政策的研究理论

制度与政策是同一枚硬币的两面,是内容和形式的关系。政策是制度的"具象化",制度是政策的实质和灵魂,存在"制度边界"。政策会因为制度的不同而"差异化",不同国家在相同或不同时期的制度常常是不同的,因而形成了各自不同的政策模式。不同的制度有不同的政策执行效率。同样的政策,在不同的制度下,其表现形式和运作过程、方式也是不完全一样的(陈志光、李兵,2022)。而政策系统又反过来影响社会制度的调适和变革。

4. 制度主义政策的研究方法

系统分析法(System Analysis Method)。马克思是制度范式系统分析的开创者。马克思分析问题并不局限、纠结于具体的学科领域，例如政治学、经济学、社会学等，他是站在全局，从战略上、根本上去考虑制度起因和制度后果，观察作为总体的制度对人类关系和政治行为的影响，从而提供了一个系统性的分析方法（科尔奈，2003）。

历史比较法（Historical Comparative Method）。制度将历史、情境与未来连接在一起，人类发展的历史、技术进步的历史、政策变迁的历史，在很大程度上就是一个渐进的制度演化过程。历史比较法是指将历史上有一定关联的政策现象和概念进行制度根源的比较对照、判断异同、分析缘由，从而把握政策发展进程的制度规律和制度因素，认识政策现象的性质和特点。

案例分析法（Case Study Method）。制度可能不是唯一的，政策可能也不是唯一的，但制度和政策的结合却可能是唯一专属的。案例分析法于1870年起源于美国，盛行于公共政策分析中，并在公共政策分析中甚至能够起到比量化研究更大的作用（贺东航、孔繁斌，2011）。制度政策学中的案例分析法，就是通过对制度影响政策、政策构筑制度的单一案例进行全方位、全过程、全因素的深度、立体分析，通过解剖一只麻雀，从而获得对一般性、普遍性规律的了解。

计量统计法（Econometric Statistics Method）。制度政策学认为，理论和实践都要求对政策系统及其影响进行深层次因果分析。在调查数据、描述分析、相关分析、模型分析的基础上，研究政策制定的制度基础、政策执行的制度工具、政策评估的制度价值，力求发现制度系统与政策系统之间的新关系、新因素和新理论。常用的计量模型包括随机对照试验法、多元回归法、工具变量法、断点回归法、双重差分法、倾向匹配法、合成控制法等。

三 制度对政策制定的主导作用

政策首先是阶级统治的产物，是阶级意志、统治利益的集中体现和表达。在阶级社会中，不同性质的国家制度和代表不同阶级、阶层利益的政党及其他政治组织，面对的是各种各样、错综复杂又千变万化的社会问题。为了解决这些社会问题，它们就必须制定自己的政策，而任何政策的制定和执行都是以维护本阶级的政治、经济利益为宗旨的（陈振明，1997）。大部分制度学家认为，制度表现为一种相对静止状态，或者说具有"惰性"，隐含了稳定与持续的意义，一旦形成便不太容易发生改变。基于制度的稳定特性，制度主义以制度为中心，从制度的角度来研究公共政策的制定与变化，以及各国相同的制度却产生了不同的政策结果或不同的制度却产生了相同的政策结果的缘由（周健，2006）。以不同国家制度与政策的案例来看，主要有以下原因。

（一）不同制度带来政策制定的主体不同

例如，弗兰克·道宾（Dobbin, 1994）引人注目的著作《打造产业政策：铁路时代的美国、英国和法国》认为，在1852年到1900年间，这三个国家的工业政策由于社会制度的不同而产生了制定主体的差异：其一，法国政体制度把主权置于统领政治秩序和保持国家统一的唯一力量——中央政府手中，相应地，产业政策制定的经济自主权也属于中央政府；其二，美国联邦制度一开始把主权置于地方政府手中，产业政策由地方政府制定，而由司法主导的中央政府则相对缺少话语权；其三，英国政体制度将主权置于精英个体身上，防止他们受到王权或国家官僚体制的侵害，产业政策则通过放任这些个体公司自由竞争来实现。

（二）不同制度带来政策制定的目标不同

在美国绩效拨款政策制定过程中，存在着三大制度逻辑，这三大制度逻辑的冲突反映了政策目标与大学产出的多样性、模糊性和不确定性等内在特征的冲突，增加了政策制定的复杂性和风险性（毛丹，2017）。第一，市场化政府逻辑。重视教育的经济功能，以提高大学完成率，从而满足国家竞争和经济发展需求为政策目标；结果导向，注重产出和绩效，重视量化评价；通过减少转学障碍、提供更为透明的信息等方法来增加学生选择和增强学校竞争力。第二，教育制度逻辑。认为除了经济功能外，大学有着多重角色与功能，如生产和传授知识、社会批评等；大学并不纯粹追求成本和效率，更看重声誉；大学是一个松散的组织，目标具有多元性，投入和产出之间的关系具有不确定性和模糊性。第三，社会制度逻辑。社会逻辑主要指社会公平，也就是在追求办学绩效的同时不能损害弱势群体的利益，从而给更多人尤其是弱势群体以入学机会（毛丹，2017）。

(三) 不同制度带来政策制定的内容不同

以一百年以来中国共产党的土地制度和土地政策为例来看：1921~1937年，从封建土地所有制到农民土地所有制，中国共产党总结出了"依靠贫农、雇农，联合中农，限制富农，消灭地主阶级"的土地革命政策；1937~1945年，在抗日救国大局中，我国没有完全消灭封建剥削制度，暂缓了对土地所有权的变革，实行"减租减息"土地政策，有效团结了各阶层人士；1945~1949年，彻底废除封建土地制度并实行"耕者有其田"的土地政策；1949~1978年，从农民土地所有制到集体土地所有制，中国土地的公有化总体实现，土地政策经历了多次调整；1978~1998年，创造性地设计了以土地所有权与使用权相分离土地制度改革，实施农村土地承包经营政策和城市土地有偿流转政策；1998~2012年，科学建立以用途管制为核心的土地管理制度，各地政府不断尝试着通过"合法化""赋权化"等举措，推进"二元并轨"政策；2012~2021年，新时代全面推进土地制度现代化，以明确的底线思维和清晰的治理定位，保障人民基于土地的居住权和发展权（俞明轩等，2021）。

四 制度对政策执行的动力作用

国际经验表明，政策一旦实施，并不总是按照设想执行，也不一定能达到预期的结果，比如"上有政策，下有对策"、选择性政策执行、层层加码、搭便车、政策阻滞、执行差距、绩效贬损、政策失败等（王小兰，2021）。具体的例子有：从"雪中送炭"到"锦上添花"（陈家建等，2013），精准扶贫政策的不精准执行（雷望红，2017），压力传递与政策执行波动（黄冬娅，2020）。因此，如何有效地促进政策执行，还需寻求制度根源。

（一）制度是政策执行的资源

制度资源包括制度权力、制度利益与制度激励等。

1. 制度权力与政策控制

制度权力是指制度赋予政策执行者在反对情况下仍能实现政策意志的能力。制度权力的两种基本形态是法律和伦理，二者的有机结合构成了合法合理的权力。合法合理的权力是现代政策执行的基础，既合法又合理的权力在社会看来才是具有正当性的权力，政策对象对于制度权力的服从是和这种正当性分不开的。

2. 制度利益与政策执行

所谓制度利益，就是人们受制度规范制约，为了满足生存和发展而产生的，对于一定对象的各种客观需求。制度利益是政策执行的重要推动力量。换言之，政策的顺利执行依赖于利益相关者之间的社会交换。制度构造了人们在政治、社会或经济领域里交换的激励。关于社会交换的著述可以追溯到亚里士多德的《尼各马可伦理学》一书，之后出现了越来越多关于社会交换的研究，如 Blau（1960，1968）、Emerson（1976）、Homans（1958，1961）等的研究。

(二) 制度框定了政策执行的路径

1. 制度建立自上而下的政策执行路径

从制度结构上看，美国存在联邦、州和地方政府三个层级；中国有中央、省、市、县、乡镇五级政府部门（贺东航、孔繁斌，2011）；日本存在全国、都道府县、市町村三级；西班牙行政权也分为三个层次，即中央政府、自治区政府和地方政府（包括省、岛屿、市以及村镇等）。

2. 制度建立自下而上的政策执行路径

可以肯定的是，政策科学所研究的自上而下和自下而上的执行是由完全不同的制度规范所激发的——自上而下的政策路径以传统的制度规范为依据，而自下而上的政策执行路径则更多的依据创新的制度设置（O'Toole，2000）。同时，Prottas（1979）和 Lipsky（1980）确立了制度规则如何影响政策执行的底层发起权和自由裁量权。

3. 制度建立横向联系的政策执行路径

一项重大的公共政策往往具有政治、经济、社会、文化、生态等多方面的复杂属性，可能涉及规划、财政、土地、户籍、公安、卫生、城建、人社、文体等众多部门，通过横向部门之间的联系、沟通、合作，甚至是竞争和冲突，来推动政策的顺利执行，运用资源交换和信息交流等手段，减少"政策梗阻"和"政策失真"现象，以实现公共政策的目标和绩效（贺东航、孔繁斌，2011）。

4. 制度建立由外而内的政策执行路径

正如前文制度的概念所述，制度包括正式制度和非正式制度，前面的自上而下、自下而上、横向联系三种执行路径可以说都是由正式制度所规范的，但现实中往往还存在由非正式制度所形成的由外而内的政策执行路径。传统的政府链假设公民和政策使用者将随时遵守规则和法律，并对公共政策提供的制裁和奖励作出反应。然而，一些政策对象，以及代表和维护他们利益的组织，可能会通过积极和直接的抵制，拒绝遵守特定的规则，操纵政策，或者在与监管机构和服务提供商的关系中以不合作和不参与的方式行事（Braithwaite，1995；Teubner & Willke，1984；Ansell et al.，2017）。

五　制度对政策评估的约束作用

就国家而言，很多国家制定了不少涉及政策评估工作的法案，如法国的《研究政策与技术开发的评估》、英国的《政策评估绿皮书》、加拿大的《评估政策》《评估职能指令》《加拿大政府评估标准》、日本的《政策评估法》、韩国的《政策评估框架法案》、南非的《国家评估政策体系（NEPF）》等，都对政策评估主体、评估类型、评估程序、评估结果的使用和公开等内容做出了明确、详细的规定，为政策评估提供了有力保障（康宁等，2016；汤丁，2019）。而政策评估体系建设迈入快车道的重要标志就是通过制度确立政策评估的法律地位（李志军等，2020）。

(一) 制度要求与政策目标

政策目标是政策执行预期可以达到的目的和结果，政策目标的完成或者绩效评估的关键要看国家制度的期望与要求。对于政策目标的制度要求具体包括：(1) 合法性，政策的全过程要符合立法精神和法律规范；(2) 明确性，政策目标要清晰、准确、具体和可界定，切忌笼统不清；(3) 可行性，政策目标的完成是可以且可能实现的，不切实际、好高骛远，必然会导致公共政策的难以完成；(4) 效率性，政策体系能够高效、迅捷地完成预设目标；(5) 公平性，公共政策是为人民大众多谋取福利的工具手段，最为关键的就是能够惠及每一个群体和个体；(6) 预测性，确定公共政策目标时要使其符合未来的发展需要，符合未来发展趋势和潮流。

(二) 制度价值与政策质量

政策实行的好与坏，不是领导者说了算，也不是政策制定者说了算，而是取决于民众对制度的认可度以及制度自身的价值 (Henry，2002)。马克斯·韦伯就曾以目的价值和手段价值为范式，评价社会行为的合理性 (马克斯·韦伯，1997)。比如，中国特色社会主义制度所承载的丰富价值意蕴，如人民至上、和平发展、公平正义、民主自由、合作共赢等 (祝大勇，2022)，都是评价政策绩效的依据和原则。马克思主义制度价值首先强调公正，坚持以公有制为主体的经济制度，评价政策质量的标准是该政策能否使绝大多数人民的利益得到保护；西方罗尔斯制度价值首先强调正义，以生产资料私有制为"圭臬"，评价政策质量的标准是该政策能否使他或她得到"应得"的东西，即"正当报酬"；公平价值是高于正义价值的高阶政策评价标准（谭培文、汤志华，2019）。

六 构筑有利于公共政策的制度基础

政策研究是一个大有前途、大有可为的科学领域（朱国斌，1988）。但要想推动公共政策顺利进行，必须要构筑有利于政策过程的坚实的制度基础。制度主义政策的根本含义为：制度对政策来说是非常重要的，但不是制度决定论。制度稳则政策稳，制度强则政策强，制度好则政策好。制度具有根本性、系统性、稳定性和长期性，科学合理的制度安排对于推动公共政策执行具有非常重要的作用。

第七章　社会结构与公共政策[*]

物质是标志客观实在的哲学范畴，这种客观实在是人通过感觉感知的，它不依赖于我们的感觉而存在，为我们的感觉所复写、摄影、反映。

——〔苏联〕列宁

一　社会结构的基本概念

社会结构（Social Structure），指一个国家或地区占有一定资源、机会的社会成员的组成方式及其关系格局。社会结构的这些特征决定了社会结构是社会政策制定、执行、评估、调整最重要、最基本的背景和影响因素，具有极为重要的理论意义和现实意义。

社会结构理论是马克思指导自己"研究工作的总的结果"，是他解开"历史之谜"，创立唯物史观的一个极为重要的理论建

---

[*] 感谢北京市委党校硕士研究生陈德云对于本章写作的帮助和贡献。

构，也是马克思社会理论和马克思主义理论的主要内容之一（杜玉华，2013）。在帕森斯看来，结构就是社会互动的制度化（稳定）模式，是具有不同基本功能、多层面的次系统所形成的一种"总体社会系统"，包含"目的达成"、"适应"、"整合"和"模式维护"四个子系统（周怡，2000）。吉登斯提出了著名的结构化理论，主张以"结构二重性"原则来取代"主客观二元论"。结构二重性包含社会结构和个人行动两个方面，社会结构不仅对人的行动具有制约作用，而且也是行动得以进行的前提的中介，它使行动成为可能。行动者的行动既维持着结构，又改变着结构。

总体来看，社会结构概念的界定国内有以下几种代表性观点。一是在宏观层次上将社会结构界定为独立于个体的整体性模式。将其定义为社会体系各组成部分或要素之间比较持久、稳定的相互联系模式（邓伟志，2009：18）。二是将社会结构看作社会关系的拓展。指出社会结构是从总体上分析社会整体内在关系模式的概念，一般指社会中各群体之间的关系，包括职能部门之间、阶级阶层之间、不同利益群体之间的稳定的关系模式等（王思斌，2021：10~11）。三是将其视为社会具体组成要素的集合。认为社会结构是一个国家或地区的基本社会形态，具体而言，社会结构是由人口结构、家庭结构、就业结构、城乡结构、区域结构、组织结构和社会阶层结构等若干个分结构组成的。社会结构是观察分析这个国家或地区社会状况、社会发展水平的重要维度（陆学艺，2018：8）。总之，历史唯物主义认为，社会结构是指社会要素之间相互关联的方式，它的内容就是人与人之间的社会关系。在社会中，人们之间的社会关系形成于生产活动、交往活动（如政治、思想、文化等），而生产活动、交往活动的规范化、制度化形成社会结构（黄光秋、黄光顺，2017）。

社会结构是分析政策进程的重要视角。本书尝试阐述社会结构与公共政策之间的关系，探究社会结构对公共政策的影响和作用机制，为深入认识当前社会结构现实、优化公共政策范式进而提升社会治理水平提供一定的借鉴思路，本书认为社会结构包含以下三个层次。

宏观社会结构：指社会整体结构（整个社会的构成状况）。

中观社会结构：分为经济结构、政治结构、文化结构等。

微观社会结构：主要指社会各种组成要素或基本单位之间的结构现象。

二 宏观社会结构与公共政策过程

宏观社会结构是指整个社会的构成状况，它反映了社会各个组成部分及要素之间持久的、稳定的相互联系模式。这种结构是社会系统的总体构成状况，体现了社会的整体框架和秩序。宏观社会结构与公共政策过程之间存在着密切的相互影响关系。了解这种关系有助于我们更深入地理解公共政策的制定和实施过程，以及如何通过调整和优化宏观社会结构来改进公共政策的效果。

1. 宏观社会结构决定公共政策环境

有人简单地认为政策过程是一个基于理想设计、合理步骤、社会行动的线性过程。实际上，决策和执行是一个动态的、无定形的过程，其内容和重点在不断变化，这一过程是在广泛、复杂、动态的政治、社会和文化背景下发展的。政策环境是政策能否成功实施的一个不易衡量的因素，但它仍然发挥着重要作用。政策主体制定公共政策并在地方实施政策的过程是漫长且不稳定的，政策受到制定环境的影响。这些环境包括在国际、区域、国家和地方层面运作的历史、文化、社会、经济等不同的概念维度。这些力量影响政策的制定实施，即政策的制定和实施不能脱离其发生的宏观背景。宏观背景和环境因素可以为有效的政策实施提供机会或限制。政策通常是历经多年时间制定的，因此，实现政策目标意味着政策实施必须通过政治体制、政府结构、经济条件和社会环境的不可避免的变化来进行。随着政治经济结构的变化，一些政策背景也会发生变化，进而影响哪些参与者参与、做出哪些政策决策以及在各个层面（包括运营和服务提供层面）发生哪些流程。政治结构稳定性也会影响政策环境，稳定的政治环境有利于长期、连贯的政策制定和执行。政策过程取决于政治结构是否稳定以及政府是否照常运作，或者政治危机是否导致政策迅速变化。国际政治结构在国家政策进程中也很重要。这些力量存在于多个层面（如国际、国家和地方），并随着时间的推移而变化。不仅在国家之间，而且在国家内部，社会环境和文化习俗结构的不同也会影响到政策进程的各个组成部分。现有的法律体系和制度框架为公共政策的制定和执行提供了规则基础，同时又限制了政策的灵活性和范围。例如，强有力的司法独立和人权保护法律可能会要求政策更加注重公民权利和程序正义。社会普遍接受的文化价值观和信仰体系影响政策的伦理基础和社会接受度。例如，重视集体主义的社会可能更倾向于制定促进社会公平和集体福祉的政策。社会的经济结构，如市场经济或计划经济，决定了资源分配方式，影响着政策的财政基础、税收政策、产业发展方向等。例如，在市场经济中，公共政策可能更侧重于创造公平竞争环境和调节市场失灵。

2. 宏观社会结构与公共政策的运行框架

宏观社会结构与公共政策的运行框架之间存在着紧密的互动关系。宏观社会结构指的是社会的大规模组织模式，包括社会制度、社会阶层、权力关系、文化价值观等，它们构成了社会的总体框架，并为个体与群体的行为设定了背景和界限。公共政策则是政府为了实现特定社会目标而制定和实施的一系列行动计划和规则，它在宏观社会结构的背景下运行，并反过来影响着社会结构本身。在分析公共政策的运行时，必须将其置于宏观社会结构的大背景下，考虑社会结构的各个维度如何塑造政策过程，以及政策反过来又如何作用于社会结构，促进或抑制社会变迁。社会结构中的问题和需求，如不平等、经济发展水平、教育体系、文化偏好等，直接影响公共政策的运行进程。强势群体和制度框架内的权力分布决定了哪些问题更容易被提上政策议程。宏观社会结构中的价值观、意识形态和利益集团会影响政策选项的选择。例如，一个强调市场自由的社会结构可能倾向于制定促进竞争和减少政府干预的政策。政策决策过程受到宏观社会结构中权力分布的影响，包括政治体制、精英决策者的偏好、利益集团的游说能力等。宏观社会结构中的行政能力、公民的遵从度、社会网络和资源分配状况都会影响政策的执行效率和效果。经济结构和经济发展水平影响着政策的资源分配、财政能力及政策工具的选择。例如，发达国家可能更多采用税收、补贴等经济激励政策，而发展中国家可能侧重于建设基础设施和采用社会保障政策。社会的监督机制、媒体自由度、公民社会组织的活跃度等都会影响政策运行的透明度和评估的公正性。

3. 宏观社会结构与公共政策规律

主导群体优先规律：在政策制定过程中，通常具有较强政治、经济影响力的社会力量（即主导群体）的偏好和利益优先得到考虑。这些群体能够更有效地将自己的利益和观点融入政策之中。损益补偿规律：公共政策在追求某一目标群体利益最大化的同时，往往伴随着其他群体的利益损失。为了维持社会公平与稳定，政策设计需考虑对受损群体进行补偿，以平衡各方面的利益关系。多数满意规律：政策的制定和执行旨在满足大多数人的利益或需求，以确保政策的广泛接受度和社会稳定性。这意味着政策制定者需要寻求利益平衡点，以尽可能地让多数人感到满意。适应性与反馈性规律：公共政策需要根据社会经济环境的变化和政策实施效果来进行调整。政策制定者通过建立有效的监测、评估和反馈机制，确保政策能够灵活适应社会结构的动态变化。制度化与规范化规律：政策的运行依赖于一套稳定的制度框架和规范化流程，这有助于保证政策的连续性和可预测性，同时也是宏观社会结构稳定性的体现。公共利益导向规律：公共政策的制定必须以公共利益为导向，确保政策的公正性和公平性。政府需要充分考虑各方利益的平衡和整体利益的最大化，以满足社会大多数成员的需求和期望。科学决策规律：公共政策的制定必须基于科学的分析和评估。政府需要通过收集和分析相关数据和信息，确保政策的针对性和有效性。同时，政府还需要根据实际情况和问题的变化及时调整和修订政策。公众参与规律：公共政策的制定过程中应该充分考虑公众的参与和利益表达。政府需要通过公开透明的方式听取各方的意见和建议，以便更好地制定和实施政策。这种参与不仅可以提高政策的可接受性和合法性，还可以增强公众对政策的信任和支持。周期性和动态性规律：公共政策是一个持续性的过程，涉及问题的发现与政策制定、实施和评估等各个阶段。政策的形成和调整是一个动态的过程，需要根据宏观结构情况和问题的变化进行及时调整和修订。这种周期性和动态性要求政府保持对政策的持续关注和改进，以适应宏观社会结构的发展和变化。

三　中观社会结构与公共政策过程

结构需要与政策联合规划，以便为从明确的基线位置进行详细纵向研究提供最佳条件。中观社会结构介于宏观社会结构与微观社会结构之间，它主要涉及政治、经济、文化等社会关系之间的相互作用和联系。这一层面对于公共政策过程具有重要的影响。

1. 中观社会结构是政策制定的客观依据

政策本身会经历动态调整与发展的过程，它的制定原则和设计目标会受到社会结构的影响和作用，对社会结构产生"路径依赖"和"预期适应"。各种中观的社会结构形态可以为政策制定提供客观依据，而伴随各种结构的变迁，政策也应随之进行调整。例如，家庭结构的变迁在客观上要求养老政策的调整。目前，我国家庭结构类型出现明显变化，核心家庭占据主要地位，独居或者二人夫妻家庭成为常见类型。2020年人口普查结果显示1人户占25.39%，2人户占29.68%，CSS调查数据显示，同住人口2人户比例也超过1/4；同住家庭代际结构由2代、3代为主向2代、1代为主转变（张丽萍、王广州，2022）。在老龄化背景下，家庭结构的变迁使得居家养老的模式面临严峻挑战，这对公共政策资源的调整与有效供给提出要求。《中共中央 国务院关于加强新时代老龄工作的意见》指出，研究制定住房等支持政策，完善阶梯电价、水价、气价政策，鼓励成年子女与老年父母就近居住或共同生活，履行赡养义务、承担照料责任。此外，韩国、新加坡等亚洲国家采取护理补贴、减免遗产税或房屋税、购房优惠等政策鼓励子女与父母同住，这对解决老年人投靠子女问题具有重要意义。

再如，我国的人口结构与相关的公共政策尤其是生育政策之间联结密切，某种人口结构现实决定了生育政策的实践类型，而生育政策又是一个阶段内影响人口结构的重要因素之一。20世纪80年代，人口急剧增加，呈现"多子年轻化"的人口结构特征，但是快速增长的人口对经济增长和社会发展产生了较大的压力。在此背景下,"独生子女"政策应运而生;而进入21世纪以来,人口结构出现转变,呈现"少子老龄化"的结构特征,过低的人口出生率与快速攀升的老龄化引起了社会各界的担忧,对国家的长期发展战略造成了不利影响。在此背景下,中央政府在2013年开始逐步推行"单独二孩"和"全面二孩"政策。但第七次全国人口普查数据显示我国人口老龄化程度进一步加深,65岁及以上人口为19064万人,占13.50%,远超国际老龄化标准。与此同时,新生人口增长迟缓,国家统计局的数据显示,2021年我国人口出生率已经降至7.52‰,人口自然增长率更是已经降至0.34‰。2021年,国家进一步调整了计划生育政策,提倡适龄婚育、优生优育,一对夫妻可以生育三个子女,并通过生育补贴等建立三孩奖励机制。除了生育政策的调整,延长退休年龄、完善社会保障等其他方面的相关配套政策也相继出台。以上基于人口结构现实而进行的生育政策调整历程,显示了中观社会结构为政策制定提供的现实依据作用。

2. 中观社会结构与公共政策过程

在"结构-过程"范式中,中观社会结构负责维持特定领域的秩序,并与宏观层面的结构和微观层面的结构相互作用。这种范式有助于理解政策过程中不同层次要素如何互相依赖和影响。自从拉斯韦尔发表有关公共政策的开创性出版物以来,谈论政策过程的"阶段"或"阶段模型"已变得相当普遍。事实上,当我们扩大视野并超越狭义的这个过程时,我们可以观察到多种分析方法来区分从思考到行动的过程中的不同"阶段"。通常，这些模型包含如何将问题列入议程的过程，接着是启动或"决定做出决定"，随后是信息组装，然后是更精确的政策制定。此后的模型包括应用和实现。最后可能会有反馈和评估，并最终做出有关"政策维持、继承或终止"的决定。以韩国的社会结构变动与福利政策调整为例来看：在20世纪七八十年代，韩国有着较快的经济增长速度、低失业率、福特主义的劳动力市场、高出生率、较少的老年人口和稳定的家庭援助能力等经济社会结构，将防范工伤、失业、老龄、疾病等的收入保障制度作为社会福利体系的核心，现有的社会政策向正规就业的工人提供了防范各种各样社会危险的制度化机制（金渊明，2017）。但是自1997年国际金融危机以来，韩国的经济社会结构发生了根本性的变化，经历了经济全面低增长、劳动力市场断裂、贫困阶层扩大、出生率降低和人口老龄化等变迁，这些变化促使韩国应该推进社会投资战略的福利政策制定，包括活性化的劳动力市场政策（Activation Labor Market Policy）、亲和儿童和女性的社会福利政策（Affinity Children and Women's Social Welfare Policy）以及资产性社会福利政策（Asset-building Social Welfare Policy）等（金渊明，2017）。

3. 中观社会结构与公共政策执行

中观社会结构影响政策执行效果，其作用的方式具有灵活性、多样性的特点。以组织结构为例，组织结构通过嵌入政策执行过程对其产生影响。组织中非正式结构的存在可能会通过多种形式影响到政策执行效果。由各种情感纽带如血缘关系、地缘关系、趣缘关系等联结形成的非正式群体会影响政策执行的渠道与方式。在正式的组织结构中交织的非正式关系增加了政策执行难度，而这种复杂的组织结构势必影响政策执行效率。从某种程度上来讲，公共政策执行是"置于和陷入"形形色色社会关系中并受其制约和影响的"嵌入性"活动，关系嵌入使得政策过程充满社会化和富有人情味。除了非正式结构，正式的组织结构类型不同，政策执行效果亦有差异。典型的组织结构类型如科层制（Bureaucracy）是韦伯提出的一种理想型组织结构模式，其最大特点是组织内部的职位分层、权力分等、分科设层、各司其职，但严格的分层也会造成组织结构冗赘，上下级沟通烦琐，进而导致"政策执行失真"。在网络化、信息化、数字化、智能化的当今社会，数字政府建设为政府组织结构类型的转变提供了新的可能性。例如佛山市近年来加强数字政府建设，其中南海区政府探索协调以科层结构为主要特征的线下政府与以扁平化结构为主要特征的线上政府的统合关系，显著提升了决策能力与政策执行水平。为了更好地适应时代变迁，提升治理水平与治理能力以实现政策效能，政府的组织结构必然要适时进行调整，探索突破传统科层化而形成灵活多样的新的结构类型。

四 微观社会结构与公共政策过程

对于理解微观社会结构作用至关重要的是政策被识别、选择、获取、使用和合法化的过程。有证据表明，微观社会结构的影响力日益增强。微观社会结构涉及个体、家庭、小型群体等社会基本单位及其日常互动模式，这些基本单元是社会结构最基本的构成元素。微观社会结构中的社会构成网络，如家庭、邻里、朋友关系，影响着政策信息的传播和政策受益的获取。强大的社会网络可以加速政策知晓度，促进资源的共享和互助，形成积极的政策执行环境。

1. 微观社会结构决定政策设计

一些执行理论家已经认识到需要更仔细地研究政策设计。他们的论点是，如果在政策设计阶段正确预见和处理，许多行政实施问题是可以避免的。但由于"已知的未知"和"未知的未知"同时存在，不仅难以预见未来的问题和突发事件，而且更难以说服政策制定者重视实施。我们坚持执行研究应该更加关注政策设计，是因为政策设计中的实质性和隐藏性缺陷往往会阻碍其实施和预期结果的实现。公共政策执行的缺陷不能仅仅归因于政策制定者的认知限制或不同政策流的偶然耦合，在设计政策时，应用更多的科学技能和更严谨的分析以及更清晰地向前线传达政策目标也无法避免这些缺陷，问题在于，政策设计往往会因未能正确处理政策制定中涉及的实质性和固有的社会结构问题而受到影响。政策的成功取决于在仔细定义和协调的基础上制定创新且可行的政策问题、目标、工具、策略和组织平台。然而，定义和协调的过程从根本上来说是结构性的，而不是技术性的，因为必须考虑内在的价值和利益冲突、权力博弈、合法性问题以及同等理想目标之间的权衡。事实上，判断公共政策成功的标准受到微观社会结构的影响。因此，我们认为有缺陷的政策设计增加了政策执行失败的风险，该风险显然位于结构领域而不是行政领域。微观社会结构确实在很多方面影响甚至决定政策设计。以下是一些具体的方式，展示微观社会结构如何塑造公共政策的制定和实施：微观社会结构中的利益相关者，如个人、家庭、社区组织等，他们的需求和诉求会影响政策的设计。政策制定者需要听取这些声音，将其转化为具体的政策措施。政策设计前的需求分析往往基于对微观社会结构中个体和群体需求的深入了解。这有助于确保政策能够解决具体问题，满足公众的实际需求。政策的设计必须考虑到目标受众的特点。微观社会结构中的人口统计特征、文化背景和社会习惯等都会影响政策的接受度和效果。政策设计需要考虑资源的分配和利用，而微观社会结构中的资源分布情况（如收入水平、教育资源、卫生服务等）会直接影响到政策的目标和执行方式。微观社会结构中的社会网络和沟通渠道可以作为政策传播的媒介。有效的政策设计需要利用这些网络来提高政策的知晓率和参与度。许多公共政策旨在改变个人或群体的行为模式。微观社会结构中的行为规范和激励机制对于政策设计来说至关重要，可以确保政策能够有效激发预期的行为改变。微观层面的政策实施和反馈机制对于政策的持续改进至关重要。政策设计需要考虑到如何从微观层面收集反馈，并根据这些信息进行调整。

通过研究微观社会结构中的特定案例，政策制定者可以更好地理解特定政策的潜在影响和挑战，从而设计出更为精准和有效的政策。在微观层面上进行的政策实验可以提供宝贵的数据和经验，帮助政策制定者了解不同政策设计的优缺点，以便在大范围内推广时做出更好的决策。微观社会结构中的文化因素对于政策设计至关重要。政策必须尊重并适应当地的文化传统和价值观，以提高其可接受性和有效性。

2. 微观社会结构决定政策执行

政策主体的关系影响政策的执行。根据定义，执行一个政策意味着多个参与者的参与，每个参与者都将把自己的能力、期望、价值观和想法带入这个过程。其中涉及的不仅是政府行为者（政治家、管理者和街头官僚），而且包括利益集团、企业和公民。关于政策执行的文献一直在讨论这种情况所带来的潜在困难，有时将其称为"联合行动"问题：当一项政策需要几个参与者同意并合作时，政策执行成功的概率就会降低。政策参与者——无论是设计者、执行者还是目标人群——倾向于创造和阐述与自身相关的政策、政策目标以及他们自己对这些政策的参与，以及自我理解的他们在政策中的角色。人们经常强调，如果主体之间加强合作，公共政策可以得到更好的执行。微观社会结构中的个体和小群体对政策的态度和接受程度，直接影响到政策执行的顺利与否。如果政策能够符合民众的实际需求，得到他们的理解和支持，执行起来就会更加顺畅。政策信息如何在微观层面传递、解释和理解，对政策执行至关重要。有效的信息传播策略能确保政策意图被正确解读，减少误解和抵抗情绪，促进民众配合执行。微观主体执行政策的能力，包括经济资源、知识、技能等，是决定政策能否有效落地的关键。缺乏必要的资源和能力会导致政策执行困难，影响政策效果。微观社会结构中的社会网络有助于政策信息的扩散，促进互助合作，有时还能作为非正式执行机制，弥补正式机构能力的不足。社会资本丰富的社区更易于组织和动员民众，有利于政策的快速响应和高效执行。社区和个体的文化背景与价值观影响着他们对政策的反应和遵守意愿。与当地文化结构相契合的政策更容易被接纳，而与之冲突的政策则可能会遭遇抵制。微观社会结构的多样性意味着不同区域、社群的执行环境大相径庭。政策执行需考虑这些差异性，采取差异化策略，以适应各微观环境的具体情况。微观层面的实时反馈是评估政策执行效果的基础，可以帮助政策制定和设计者及时发现执行中的问题并做出调整。微观群体灵活的反馈机制也有助于提高政策执行的适应性和有效性。

3. 微观社会结构决定政策评估

政策执行往往在政策过程框架中向后延伸，因为学者们倾向于将政策评估纳入政策过程，他们希望通过预演政策执行的后果来解决执行问题。绝大多数执行学者认同将政策评估作为良好执行的关键，将评估视为评估已实施计划并就如何改进计划提出建议的一种方式。尽管在概念上必然保持独特性，但在实践中，执行和评估在许多方面是完全互动的。政策执行的评估可以分为三个方面，即：（1）政策的产出和结果；（2）政策的影响；（3）评估政策是否促进一个国家或整个社会的发展。但是，扩大政策实施范围以纳入计划评估又带来了另一个固有问题：如何评估政策实施以及随后的比预期更具体的政策评估。这是一个始终存在风险的指标，特别是当环境和计划不断变化时。在复杂的政策环境中，很少有一组变量能够被确定为具有决定性，更不用说制定新的政策实施策略了。微观社会结构中的个体和家庭是政策的直接受众，他们对政策的反应和满意度是评估政策效果的重要依据。通过收集和分析这些个体的反馈，可以更准确地了解政策实施的效果。在政策评估过程中，需要大量的数据和信息来支持评估结果。微观社会结构中的个体和家庭是这些数据的重要来源。例如，通过问卷调查、实地访谈等方式来收集个体的意见和建议，可以为政策评估提供宝贵的第一手资料。政策评估需要制定一系列的标准和指标来衡量政策的成功与否。这些标准和指标的制定需要考虑到微观社会结构中个体和家庭的实际情况和需求。例如，在教育政策评估中，需要考虑不同家庭背景、学习能力和兴趣爱好的学生，制定更加全面和客观的评估标准。政策评估的结果需要向公众和利益相关者进行解释和说明。微观社会结构中的个体和家庭是这些结果的主要受众，通过向他们解释评估结果，可以增强公众对政策的理解和支持，同时也可以为政策的修订和完善提供依据。

五　优化社会结构，推进公共政策

在所有公共政策流派中，相当普遍的智慧是，与社会结构无关的政策理论不太可能会产生强有力的解释或准确的预测。未来几年应该提供一些重要的经验教训，说明研究社会结构的价值，让政策制定者更好地了解社会结构领域的哪些内容对谁有效以及在什么情况下有效。社会结构的推进对公共政策的转型提出客观要求，这亟须在理论层面进行相关探讨。当前，社会结构与公共政策学科知识的交融交叉日益凸显，但有关政策社会学的研究并不多见，作为政策社会学的主要研究内容之一，社会结构与公共政策之间的关系是多层面的、复杂的。本书首先阐述了社会结构及公共政策的定义内涵，在此基础上梳理了二者之间的关系，由此形成了较为完整的理论框架，继而尝试分析了宏观结构、中观结构及微观结构等对公共政策过程的作用机制。由于社会结构与公共政策知识体系庞杂，本书只是试图就某些层面进行论述，而不能构成全景式的剖析，为此需要做更多的尝试与探讨。

在宏观层面，推动资源的公平分配有助于减少社会不平等，提高政策效果。这可能涉及调整税收政策、提供社会保障和福利、投资于教育和医疗等领域。在中观层面，建立跨部门、跨领域的协作机制，以便更好地协调和整合各方资源，共同推进公共政策的实施。确保政策信息能够迅速、准确地传达到社会结构中的政治经济等方面。这包括利用现代通信技术和传统媒体，以及通过社会活动和宣传等方式来传播政策信息。在微观层面，加强个体和家庭的参与有助于提高政策的接受度和执行效果。政府可以通过提供信息、教育和资源来激发社区成员的参与意识，确保政策能够更好地满足基层需求。在设计政策时，要充分考虑不同文化背景下的需求和偏好。这意味着要对当地的文化传统和价值观进行深入研究，并在政策制定过程中加以考虑。通过制定激励措施来促使个人和组织采取符合政策目标的行为。这可以包括提供财政补贴、优惠政策或其他形式的奖励来鼓励特定行为。通过案例研究和政策实验来测试不同的政策方案，从而找到最有效的方法。这不仅可以提高政策的科学性和实用性，还可以减少不必要的风险和成本。为公众提供渠道来表达对政策的意见和反馈，同时确保这些信息能够被政策制定者听取和采纳。这有助于不断调整和改进政策，使其更加贴近实际需求。综上所述，优化社会结构需要从多个层面入手，通过综合施策来推进公共政策的制定和执行。这不仅有助于提高政策的有效性，还有助于实现社会的长期稳定和有效发展。

第八章　社会行动与公共政策

一步实际行动比一打纲领更重要。

——〔德〕马克思

社会行动是个十分重要的概念，而且它的存在远在近代之前，从古希腊时期甚至更早，社会行动就已经存在了。对于古希腊的人们来说，社会行动是他们在城邦中获得关注，在众人的目光中实现卓越，甚至成为英雄的必经之路。古希腊思想的另一个依据是"生死"，而社会行动意味着光照亮了黑暗，因为你的行动和你的存在，一个小世界就被照亮了。因而社会行动带来的光芒尽管最终会黯淡，但它辉煌地存在过，甚至，它的光芒、它的火焰可能因此而点亮了其他的火焰。在这个意义上，社会行动短暂地超越了"生死"。

一　社会行动的基本概念

行动是指为达到某种目的而进行的活动；社会行动是指采取

行动的目的在于影响另外一个个体或更多个体的行动。社会行动是社会学理论研究的基本单位和核心内容，许多著名的社会学家对社会行动专题做过研究，而在行动研究多样性的基础上衍生出了多种观点并形成不同的理论流派，因此可以说对社会行动的研究是社会学理论研究的主要内容，任何理论都或多或少地涉及社会行动。

在社会学中，马克斯·韦伯第一次明确使用社会行动的术语并强调它是理论的基础。1921年韦伯在《经济与社会》中初步阐释了社会行动理论，并提出了价值中立和理想类型，定义了四种社会行动：目的理性行动、价值理性行动、情感式行动、传统式行动。韦伯认为社会是由行动者构成的，要研究行动者就需要研究行动者的社会行动。

1937年帕森斯在其著作《社会行动的结构》中阐释了他的社会行动理论。帕森斯总结了马克思、迪尔凯姆、韦伯的社会学思想，总结出了唯意志论的社会行动理论。帕森斯还反复声明，社会行动的理论不能还原为生理学和心理学，社会行动只有通过社会学的因素，即分析行动者如何构造他们的情境，以及用什么样的价值规范为指导原则才能得到科学的行动（刘博，2010）。

和韦伯、帕森斯不同，吉登斯把社会行动看作持续不断的动态过程。他认为支配人们社会行动的意识不是个体的意识，而是人类的共同意识，是人类的共同意识通过对行动的持续性反思性监控来支配人们的行动。吉登斯正是通过构建例行化活动、本体性安全、实践意识、话语意识、能动性等一系列概念，将有意识行动和无意识行动有机地结合在一起，完善和超越了韦伯的社会行动理论（张广利、王登峰，2010）。

二 社会行动与公共政策的理论框架

社会行动是政策过程的基本组成和原子结构。社会行动与政策过程的关系就像人类身体的 DNA 双螺旋结构一样，相互交织并时时发生作用。不同领域的联合和交叉是最能够"擦出火花"的，是创新和前进活力的重要源泉。社会行动的五个层次具体为社会合作、社会交换、社会竞争、社会冲突、社会控制（见图 8-1）。

社会合作（Social Cooperation）。指个体与个体、个体与群体、群体与群体之间通过调节自身的行为来达到共同目标的互动过程和关系。社会合作是政策过程的基础和根基。政策过程寻求社会合作，参与公共利益创造与分配，并通过与系统中的其他体系的合作来构建自身的作用。

社会交换（Social Exchange）。指社会中人与人、人与组织之间的利益"提供"与"接受"的关系。政策复杂性是社会交换的激励因素。在政策过程中，围绕特定公共服务干预的社会制度，既限制又促成实施过程中可能发生的社会交换。对于任何特定的公共服务干预，都存在多个且经常重叠的社会交换过程。社会交换既适合政策环境又是政策制定者追求的政策效果。

社会竞争（Social Competition）。指在社会中人与人之间为了获取资源、权力、地位、荣誉等而进行的竞争。在社会竞争中，个体或团体通过各种手段来争夺有限的资源和利益，以期达到自身的目标或提升自身的地位。社会竞争可以通过多种途径进行，如教育竞争、职业竞争、岗位竞争等。社会竞争反映了政策过程的不平等和差异，同时也推动了政策的进步和发展。从广义上讲，政策系统是由个人或群体等主体之间的社会竞争关系组织起来的体系，随着时间的推移，这些关系受到外生因素以及内源性因素和主体对其反应的影响。

社会冲突（Social Conflict）。指人与人、群体与群体之间激烈对立的社会互动方式和过程，是人们之间的一种直接的反对关系。也许，一场社会冲突将从根本上改变人们对政策意图或政策结果的理解。但我们的框架强调，即使是大规模冲突，其后果也并非不可避免。政策需要调和争议并调解对变革逻辑的理解以及进行干预所需的协调。

社会控制（Social Control）。指社会组织利用社会规范对其成员的社会行动实施约束的过程。社会控制可以协调社会运行的各个系统之间的关系，修正他们的运行轨道，控制他们的运行方向和运行速率，使之功能耦合、结构协调、相互配套，尽量使各社会运行系统同步运行，促进社会的良性运行和协调发展。从社会控制的本质来看，它具有明显的集中性和超个人性。社会控制的集中性是指社会控制总是集中地反映了特定社会组织的利益和意志，不管它具有什么具体内容和采取什么具体手段，都服务于社会组织的总体利益和最高意志。超个人性是指社会控制总是以某种社会名义,代表某个社会组织来施行控制。正是这种凌驾于个人之上的超个人性,使它更有力地控制个人。

图 8-1　社会行动的五个层次

三　社会合作与政策生产

在任何政策过程中,都存在潜在的社会合作主体,包括公共机构、行业共同体、慈善资助者、会员协会和服务提供商,他们可能因其专业知识或兴趣而参与政策过程。其中,资源和信息通过横向网络或自上而下的合作关系在机构之间流动。社会间合作通常被认为在公共政策领域很有价值。如果机构之间进行大量合作,复杂的政策就能更有效地付诸实践。特别是为了理解公共政策在地方层面执行时发生的情况,必须考虑跨组织合作关系。现代社会面临的许多挑战(如消除贫困或减少失业)很难在单一公共机构内管理。通过对组织间关系的研究发现,相互资源依赖和一致的目标是合作行为最重要的前提。在相互依赖的情况下,组织会进行合作，以交换资源，从而实现组织目标。此外，组织间共同的利益和对政策的类似承诺更容易产生共同合作。另外，相互信任可以增强合作，因为它能"促进人际接受和表达的开放性"。即使在设计最完善的政治体系中，当局的职责也会发生重叠。因此，公共政策的制定和实施经常需要多边合作，模糊或消除传统的边界和管辖权，并且需要部署许多参与者。因此，不同的组织目标和运作惯例使得政策实施变得困难。公共部门管理的首要任务是在政策执行时让各个机构进行合作。因此，发现合作的前提是当务之急。与以前组织间合作的研究一致，公共部门的合作被定义为行为者之间的互动，旨在通过共同努力而不是单独工作来解决公共问题（Lundin，2007）。

关于组织之间的政策合作有大量且异构的文献。而且，社会理论为解释合作提供了基础。在这个框架中，合作是资源相互依赖的结果。组织被认为是理性的行为者，为了实现其目标而做出有意识和有意的决策。共同工作的动机是克服资源缺乏的困难。如果合作的收益不超过成本，一个组织就会避免与其他组织进行互动，因为合作是复杂的、成本高昂的，并且会丧失自主性。但如果组织 A 需要组织 B 的资源，而组织 B 需要组织 A 的资源，那么二者合作的可能性就很大。当然，财务资源具有重要意义，但人员、场地、信息、合法性和法律权威是可以从其他组织获得的其他重要资源的例子。经验证据支持相互资源依赖会增强合作的观点。除了相互依赖之外，政策目标一致性也可以促进协作。假设组织试图实现某些目标，我们不仅应该关注对外部资源的需求，还应该调查组织目标的相似程度。共同的利益可以成为合作的有力促进者，而不同的目标可能会减少合作。实证结果也证实目标很重要。目标一致是组织间关系的一个重要方面（Lundin，2007）。这与理性选择的本体论立场形成了鲜明对比，理性选择是许多政策研究方法的基础，在这些方法中，人们主要受个人收益最大化和个人损失最小化的影响，由追求这些利益的渴望所驱动。

合作是社会科学中的一个关键词。社会合作是克服政策困境的重要机制。关于合作有多种定义和观点。组织理论学者一致认为，信任是合作的重要前提。负责执行政治决策的机构可以使用不同的合作方式来实施政策。例如，该机构可能会尝试与其他组织尽可能多地合作。合作（协作）——组织之间旨在通过共同努力解决公共问题的所有互动——是公共部门管理中的金字招牌之一。通过伙伴关系和其他协作努力，公共部门的绩效通常被认为可以得到改善。在其他条件相同的情况下，人们会期望拥有大量资源的公共机构比缺乏资源的公共机构能更好地执行政策或计划。组织拥有资源，因此，执行政治决策的机构可以通过与其他组织合作来增强自身能力。周围的组织可以贡献信息，他们可以拥有人员、知识、资金和场地，使将想法付诸实践的业务变得更加容易。合作还意味着可以避免可能导致政策不良结果的资源消耗和冲突活动。因此，很容易理解为什么组织间合作经常被认为可以改进政策。政策复杂性是合作的动力。对外部资源的需求促进了组织间合作，复杂的政策可能需要单个机构无法满足的资源。(Lundin，2007)。

四 社会交换与政策运行

社会交换理论的重要原则——互惠原则对政策执行具有重要的意义。互惠原则，即当事人会在获得回报的预期下，涉入并维持与他人的交换关系（Gouldner，1960）。互惠原则整合了个人主义和集体主义两种理论，个人主义观点强调政策执行要重视个人在交换中涉及的利己心理和经济自利；集体主义观点强调政策执行要重视群体的社会需求，特别是集体主义和利他心理，是政治选举、民生建设、福利保障、社会防控等政策执行的基础和支撑。经济学家们早已认识到了集体主义的可能性：人们可能关心其直接的、个人的或物质利益以外的东西。Adan Smith 在《道德情操论》中有关利他主义的论述为，"无论一个人被假定是多么自私，然而，在他的天性中明显地有一些准则（principles），这些准则使他去关心别人的财富，并放弃那些对他们来说是必不可少的幸福，虽然他从这些过程中什么也得不到，除了眼见的乐趣外"（斯梅尔瑟、斯威德伯格，2009：111）。

社会交换理论和政策运行之间存在着密切的联系。社会交换理论主张从经济学的投入与产出关系的视角研究社会行为，认为人际传播的推动力量是"自我利益"，人们在互动中倾向于扩大收益、缩小代价。这一理论在政策运行中得到了体现，特别是在政策制定、政策执行和政策评估等环节。在政策制定过程中，政府需要考虑各方的利益和需求，这实际上是一种社会交换。政府通过制定政策来平衡不同群体的利益，以达到社会稳定和经济发展的目的。例如，在制定税收政策时，政府会考虑到企业和个人的负担能力，以及税收对经济发展的影响。政策执行过程中也涉及社会交换。政府通过与各方进行沟通和协调，以确保政策的顺利实施。例如，在环保政策执行过程中，政府会与企业进行协商，寻求减少污染的最佳方案，这既满足了企业的经济利益，也实现了政府的环保目标。政策评估是对政策实施效果的评价和反馈。在这个过程中，政府需要收集各方的意见和建议，以便对政策进行调整和完善。这实际上也是一种社会交换，政府通过听取民众和专家的意见，来了解政策实施中存在的问题和不足，进而改进政策以满足社会的需求。综上所述，社会交换理论在政策运行的各个环节中都发挥着重要作用。政府需要充分考虑各方的利益和需求，通过社会交换来实现政策的制定、执行和评估。这不仅有助于提高政策的科学性和有效性，还能增强政府与民众之间的互动和信任。

五　社会竞争与政策调整

社会资源是有限的，人们要想在社会上生存，就必须在有限的时间内争夺资源，这就导致了竞争。达尔文"物竞天择，适者生存"的观点告诉我们，一个没有竞争意识和竞争能力的群体和个人是很难适应当今社会生活的，不但不会成功，而且还会失败，从而被社会所淘汰。政策的发展与进步，经济的繁荣与振兴都离不开社会竞争,在适当时候"卷一卷",能够更好地促进社会良性竞争,谋求更多的资源和更大的空间,推进社会更进一步发展。但大部分人讨厌竞争,因为竞争会给人带来压力,压力过大会使人崩溃,会让人际关系变得复杂,会让人变得特别势利;而良好的竞争能促进社会进步,创造更多的工作岗位和机会,让人们的生活变得更加便利。竞争在当今社会随处可见,而我们提倡良性竞争,而非恶意竞争,因为适当的良性竞争反而有助于合作和发展。那么,什么是所谓的良性竞争呢?对于今天的竞争我们要效法古训,要做到"其争也君子"。回眸几千年来人类文明发展的历程,在不同民族、不同地域与不同历史时期,我们都能看到这样一种现象:人类被拖进了物质生活的泥潭,为了满足不断增长的物质精神需求,追名逐利盛行于世。《论语》中孔子描述的"君子之争"为"揖让而升,下而饮",可见社会需要的是以礼相争,也就是我们常说的"友谊第一,比赛第二",竞争一定要有法有度。

社会竞争概念在 20 世纪 80 年代和 90 年代的政策实施研究中得到应用,旨在更好地建模和预测处理政策遵守问题时的行政行为。为了使政策落实到位,除其他重要任务外,还必须分配资金、分配人员并制定程序规则。过去 30 年来,政策科学领域的实施研究深入了解了政策周期阶段不同社会竞争普遍存在的许多具体活动和实践。当然,对该主题的定期审查不断发现这一领域的政策研究在很大程度上是描述性的,并且很难融入主流政策理论。社会竞争理论的一个中心原则是,政策的边界不是固定的,而是根据情况和所涉问题的定义而变化的。为了分析政策竞争动态，我们建议社会竞争理论干预定义所涉及的政策问题，并提供对不同竞争参与者针对政策问题所扮演的角色的理解（经常有争议）。这是一个重要的区别，因为我们提倡的方法中的分析单位不是围绕政策问题的单一政策领域，而是为响应特定公共政策干预而激活的领域。社会竞争的边界是新兴的，是由参与者在共同工作、确定他们的角色和关系，以及理解他们的目标和可接受性规则时形成的。政策参与者利用社会竞争技能来重新构建权威被认为是公共政策干预措施的合法做法，以新的方式利用现有的权威来源，促进建立额外的权威来源，或者利用外源性冲击来创造新的权威。任何特定权威来源的重要性取决于它在特定上下文中的解释方式。特别是在某些情况下，与资金来源相关的竞争被理解为政策人员提高有关服务质量的专业规范的原因。而在某些情况下，同样的竞争会激励政策人员寻求补充资金或制定倡导策略来执行政策。

六　社会冲突与政策安全

1951 年，蔡斯（Stuart Chase）对冲突做了这样的分类：个人争吵、家庭冲突、地域冲突、职业冲突、政党竞争、种族冲突、宗教冲突、文化冲突、革命政变、叛乱战争等。相比于竞争，冲突在形式上要激烈得多，它往往突破了规则、规章甚至法律的限制，具有明显的破坏性。

关于社会冲突（Social Conflict）的研究，以刘易斯·科塞（Lewis Coser）、拉尔夫·达伦多夫（Ralf Dahrendorf）、赖特·米尔斯（Wright Mills）为代表，重点研究社会冲突的起因、形式、制约因素及影响的理论。社会冲突既是公共政策制定的源头，又是政策执行的主要对象。现代政策所面临的已不再是个别的、单一的、简单的社会问题，而是各种相互关联、相互制约的越来越具有复杂性、尖锐性、专业性、变化性的社会矛盾和社会冲突（谢明，2018）。拉斯韦尔就将"社会管理者和社会科学家的方法和教育"改进为"预防性政策"，从而缓解社会紧张和冲突（Lasswell，1977：203）。以中国封建王朝土地兼并引起的社会冲突为例，众所周知，由于长期竞争、土地兼并，土地越来越集中到少数大地主、大官僚手中，而农民则越来越多地丧失土地，甚至根本就没有土地。地主与农民的矛盾激化，导致农民战争爆发。为避免农民战争的爆发，古代统治者会采取抑制兼并的政策，改革土地所有制，保证农民有一定的土地。比如屯田制：国家强制农民或士兵耕种国有土地，征收一定数额田租。如《魏书》所言："夫定国之术，在于强兵足食，秦人以急农兼天下；孝武以屯田定西域，此先代之良式也。是岁，乃募民屯田许下，得谷百万斛。"以及清查大地主土地的实际数目，保证国家的赋税收入。唐朝的"均田制、两税法"，宋朝的"青苗法、方田均税法"，明朝的"鱼鳞图册、一条鞭法"，清朝的"摊丁入地、地丁合一"都要求清丈土地，将赋归于地，计亩征收，扩大征收范围，使税赋相对均平。

然而，即使在更"常规"的政策领域，冲突逻辑的复杂性也可以通过实施者体现出来。例如，一些市政公用事业项目不仅收取费用（简单的因果逻辑），而且还寻求增加消费者的节约行为。根据社会冲突理论，一个政策的实施实践发生冲突的部分原因是实施者在该领域提供的知识和解释不同。理论研究表明，即使在"简单"的政策措施中，社会力量、人类解释和行动也会增加干预政策实际实施方式的复杂性。每项社会竞争的干预措施（无论简单还是复杂）都是由对其所嵌入的政策因果逻辑的集体理解而形成的，与之前的政策实施框架有重要区别。"冲突—解决—实施"的政策链的复杂性并不一定是政策领域或试图解决的问题所特有的，而是反映了对特定冲突措施的理解。我们在社会冲突意义上使用干预措施一词来表示"应对冲突"，而不限于基于"服务"的干预措施。在组织环境中，学者们有时将这种复杂的冲突称为"组织技术"。

七 社会控制与政策维护

社会控制是指社会组织利用社会规范对其成员的社会行为实施约束的过程。它可以分为广义和狭义两种理解。广义的社会控制涵盖对一切社会行为的控制，而狭义的社会控制则特指对偏离行为或越轨行为的控制。社会控制的目标在于协调社会运行的各个系统，确保它们之间的功能耦合、结构协调和同步运行，以促进社会的良性运行和协调发展。社会控制的特点包括集中性、超个人性、依赖性、互动性、多向性和交叉性，它通过各种手段如舆论、法律、信仰等来实现对社会的有效管理。例如，法律作为一种社会控制手段，通过明文规定的行为准则和相应的惩罚措施，起到约束和规范社会成员行为的作用。政策维护是指政府机构为确保公共政策的顺利实施和既定目标的实现而采取的一系列措施。这涉及政策的宣传、解释、执行、监督和评估等环节。政府机构通过多种渠道来向公众传达政策信息，提高公众对政策的认知和理解。同时，政府还提供便捷的咨询服务和改进政策，以更好地服务公众和企业。政策维护的重要性在于确保政策的有效实施和公众的广泛参与。一个得到良好维护的政策能够增强政府的公信力和执行力，提高社会治理的效率和质量。社会控制和政策维护在维持社会秩序和推动社会发展方面发挥着相辅相成的作用。社会控制为政策维护提供了基础和保障，通过约束和规范社会成员的行为，为政策的顺利实施创造了有利条件。而政策维护则进一步强化了社会控制的效果，通过政策的宣传、执行和监督等环节，确保了社会控制的持续有效。

八　做好社会行动，推进公共政策

定义与分析社会行动与政策过程非常重要。通过理论分析，我们的目标是提供通用框架，帮助读者厘清社会行动与政策过程之间的作用与影响。在每项社会行动中，我们提供了对于理解任何公共政策干预实施至关重要的理论分析。虽然该框架以社会学理论为基础，但它能够涵盖多种理论观点，包括复杂性理论、组织理论、经济理论和人类行为理论。在人类社会中，一切事物都存在着千丝万缕的联系，它们共同运动组成了多层次复杂系统，政策系统就是社会这个大系统中的一个分系统。公共政策作为社会系统运行的重要环节，必然要服从和服务于社会行动的合作、交换、竞争和冲突。作为政治系统运行的中心、公共部门履行职能的手段和进行公共管理的途径，公共政策必须保持稳定。公共政策稳定性的前提是政策的正确性，最重要的表现是政策的连续性与严肃性。但从社会行动的角度来看，公共政策既是稳定的，又是变动着的。

当然，我们的目的也不仅仅是关注社会行动关于政策过程的复杂系统，而是呼吁人们关注复杂社会行动中变革的驱动因素。因此，虽然它为新框架提供了基础，但如果我们要吸收这些见解并将其应用于公共政策干预措施的实施，就必须进行重要的改进。与政策过程或制度分析的其他框架相比，我们的框架的关注范围更宽泛，即更严格地关注社会行动会产生与政策和实践更相关的研究。

第九章　社会理解与公共政策[*]

> 人民的幸福是至高无上的法。
>
> ——〔古罗马〕西塞罗

一项政策往往涉及背景、思路、原则、文本、措施、语言、方法、规范、记录、信函等众多内容，要重点分析和理解政策的目标是什么，主体是什么，客体是什么，什么是有价值的数据，谁是合法的参与者以及具有什么样的地位，如何制定、实现和评估政策过程等。因此，社会理解是政策制定、执行和评估的先决条件和基本保障，政策过程要取得社会的理解。公共政策是社会治理的手段，更是社会公义的表现。

一　社会理解的基本概念

"理解"的意思是顺着条理进行详细的分析，从而使自己了解、明白。"社会理解"是一个涉及多个学科领域的复杂概念，

---

[*] 感谢北京市委党校硕士研究生朱赫对于本章写作的帮助和贡献。

可以从社会学、心理学、哲学等多个角度来建构。社会学中的"社会理解"强调对社会现象、社会关系以及个体行为的深入理解和分析，其内容涵盖对社会结构、哲学文化、价值观和社会互动的探究，旨在揭示社会中的模式、规律和变化。在社会学的视域下，社会理解的过程涉及观察、调查、分析等方法。在心理学中，社会理解是指个体对他人思想、情感和意图的理解能力。这包括情感共鸣、情感推断和理解他人行为的动机。因此，社会理解与情感智力和情绪共鸣有关，有助于建立人际关系和促进社会互动。而在哲学意义上的"社会理解"关注于社会现象、社会制度和价值观的哲学分析。这包括对社会正义、政治权力、道德规范等问题的思考。社会理解的哲学研究可以探讨人类在社会中的地位、责任和义务。综上所述，社会理解在不同学科中所强调的内容不同，社会理解涵盖了个体、群体和社会的相互关系，涉及社会文化、人类心理和社会结构的多个层面。

二　社会理解与公共政策的理论框架

社会理解是个体感知、解释和理解周围复杂社会世界的认知和情感过程。它包括在不同的政策环境中理解和驾驭自己和他人的意图、情感、信仰和行为的能力。这种多维概念是人类发展的一个基础性概念，在政策关系、政策沟通和政策纽带的形成中起着至关重要的作用。本书认为，社会理解政策分为四个层次：对于政策的"一知半解"、熟悉了解政策、对政策进行诠释、对政策进行理解（见图 9-1）。

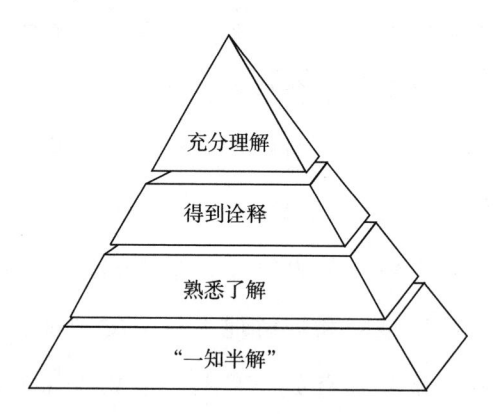

图 9-1 社会理解政策的四个层次

（一）"一知半解"与公共政策

国家政策往往牵涉多个领域、多个方面，涉及的内容比较复杂，需要通过解读才能理解政策的内涵和要求。国家政策通常需要专业人员来制定，政策的语言和表述方式较为专业，一般居民难以理解，因而需要通过解读和学习才能掌握政策要求。国家政策的制定和调整通常与时俱进，政策变化频繁，需要及时学习和掌握政策变化，以便及时调整工作方案。国家政策的执行者需要具备一定的专业知识和技能，新的政策出台后，需要各地各部门进行学习和培训以掌握相关知识和技能，从而更好地执行政策。因此，从本质上讲，公共政策与其说是一门科学，不如说是一门"知识"，是"可能的知识"而不是"必需的艺术"。"一知半解"是一个形象的比喻，指相当一部分人对一些政策知识或者政策实施理解不透彻。在政策实施中，对于事不关己的群众居民往往是不会理会的,并用"不熟悉""不了解"来描述这类政策。有时,一些政策比较复杂,以至于"不熟悉""不了解"等口头语成为居民应付政策的常用对策。

(二) 熟悉了解的公共政策

对政策复杂性的分析表明,越来越需要社会了解"政策如何解决社会问题"。了解政策是一个重要的过程,可以帮助群众保持对政策所涉领域最新发展的关注,从而做出明智的决策。这引导我们提出"社会了解政策"的概念,其中"政策掌握"的概念是核心。当然,人们普遍认为,政策掌握不仅仅涉及什么是有效的政策,还包括如何有效实施政策。社会了解也包括在调查数据、深度访谈、收集文献、选取模型的基础上,研究政策制定的社会基础、政策执行的社会工具、政策评估的社会价值,力求发现社会系统与政策系统之间存在的新问题、新观点、新发现和新理论。

(三) 得到诠释的公共政策

政策文件的意义不在于文本本身,而在于居民基于经验的诠释。政策实施的关键在于政策文本、政策意图和政策诠释之间的相互作用。当然,政策社会学的基本框架认为,社会诠释的概念对于政策评估的贡献和发展,不单单是这些具体的方面和措施,更为关键的是,社会诠释是政策过程的一种理念和关系,是把准政策脉络、落实政策措施、实现政策价值的根本追求。这种方法还支持对这些政策的自反性的论证。它反对政策过程中存在任何单一的、固定的、绝对的含义（无论是文字文本还是文本模拟），只要政策分析师及研究人员足够努力，他们就能发现更多的含义。我们的愿景是形成一个由解释组成的政策世界——政策制定者和政策对象都是诠释者。从而诠释政策文件以及口头政策语言（如演讲、采访）和政策相关行为。

（四）充分理解的公共政策

首先，社会理解在政策制定的过程中可以为政策制定者制定合适的社会政策提供基础。只有深入了解社会现象和问题，才能准确把握其本质，并找出有效的解决办法。例如，在制定教育政策时，需要对教育系统中存在的问题进行充分研究和理解，从而确定针对性强、可行性高的政策举措。其次，社会理解可以评估和调整已有的社会政策。通过对社会现象和问题进行深入研究，可以帮助政策制定者评估当前实施的政策是否达到预期效果，并在必要时进行调整。例如，在推行福利政策时，需要不断监测福利措施对于弱势群体生活改善程度的影响，并根据实际情况进行相应调整。最后，公共政策的实施也可以促进社会理解的深化。通过制定和执行社会政策，可以增加民众对社会现象和问题的认识和了解。例如，在推行环境保护政策时，人们可能更加关注环境污染问题，并逐渐形成对于环境保护重要性的共识。

三 社会滞后与公共政策

社会理解和公共政策相互依存、相互影响。社会理解为制定合适的公共政策提供基础，评估和调整已有的政策，并且通过实施政策促进对社会现象和问题的深入认识。而有效的公共政策又能够推动社会理解不断发展和完善。社会理解与政策制定之间存在着紧密的理论逻辑和方法逻辑的关联。社会理解提供了政策制定所需的深刻洞察和实际信息，而政策制定则可以借助社会理解的方法来更好地满足社会需求。通过小组讨论、角色扮演和讲故事等方法，鼓励人们探索不同的观点，以更好地实现社会理解。同样，政策制定通过收集来自不同利益相关者的意见，以制定明智的政策。如果居民缺乏参与，很容易因为不了解政策而导致自己的利益受损，本书称这种现象为"社会滞后"于政策过程。

近年来，人们越来越认识到经济和社会政策以及变革过程的复杂性的影响以及政府决策过程所面临的挑战。因此，政策社会学提供了"理解政策"的前景，成为更好地了解公共政策和计划可能发挥作用的基础。政策围绕着多种正式和非正式制度而构建，并形成了"政策体系"，这是理解政策复杂性问题的有力证明。政策社会学已经认识到需要增强政策知识，以此作为调节日益增长的公共政策所带来的影响的一种手段。这为有效政策提供了潜在的重要基础，但需要更广泛的政策框架来处理超越传统命令和控制模式的社会复杂性。当人们真正体验或接触到政策，或者意识到政策如何影响他们的生活时，这些信息就会成为他们对政府评价标准的一部分，也是他们政治身份的一部分。当然，政策实验和评估成为互动治理中关键制度实践的主要形式，为打造学习型社会提供基础。

对政策文件的理解、领悟和分析包括对政策文件的背景依据、目标任务、主要内容、涉及范围、执行口径、操作方法、注意事项、关键词诠释、惠民利民举措、新旧政策差异等的全面、详尽和准确的理解。政策理解能力是开展工作、制订计划、解决问题和进行决策的重要基础。具备政策理解能力可以帮助人们更好地把握政策精神,正确执行政策,并为政策的完善和优化提供参考。对试点新政策制定的承诺,以及日益重视将评估作为循证政策制定的关键基础,似乎与这种互动理解模式是一致的。政策是具有渐变性的,这就意味着随着时间的推移,政策会出现某种变化,例如修改、废止、新增等,所以我们在查看政策条文的时候,要找到官方网站发布的最新的政策来进行解读,避免通过搜索链接到其他网页,看到以往的或者被废止的信息,导致解读出现偏差或滞后。

四 社会学习与公共政策

政策学习这项工作对复杂系统的影响对于社会科学和公共政策制定的传统方法可能具有深远的影响。在公共政策领域,它强调我们在学习、规划和控制政策系统行为的能力方面面临的限制程度。虽然非线性学习规律为更好地理解政策现象和政策问题提供了新的工具和概念,但它也表明了政策学习能力的局限性和政策学习者了解政策现象的动态。在这种情况下,我们的期望和行动的代名词就是"政策学习"。从哲学的角度来看,我们在寻找普遍规律时必须放弃"对普遍性和必然性的主张",转而关注"有限的和偶然的普遍性",以我们对世界事务进程的经验教训为指导。我们对政策知识的期望的谦虚反映在我们对政策行动的期望的谦虚上,正如政策社会学所表达的那样:"如何在复杂的世界中生活的问题的答案是——非常小心。"政策社会学主张"温和的政策行动",这与"试错"政策制定方法是一致的:在难以管理的复杂性情况下,公共政策事务的实践往往更有效地通过局部实验试错来指导,而不是通过无法应对交互反馈的复杂性和不可预测性的智能技术的理论资源来更有效地指导效应。

虽然对复杂性的日益认识增加了对有效政策行动的重视,但同时人们也越来越意识到政策指导人类事务范围的不断扩大性。社会学习政策最常提到的障碍是时间不足,这并不是面对政策实施时要求额外学习的下意识反应,而是认识到实施新政策有不同的要求,并且确实需要更多的学习时间,特别是人们认为联合和包容性的政策学习方法比传统方法需要更多的时间。然而,尽管时间紧迫,一些政策制定者仍关注如何有效地与主要政策相关者进行接触。"社会学习"概念建立在对政策创新、政策测试和政策现实的承诺之上。许多政策制定者认为,新的政策学习方法相比传统方法而言,对资源提出了更高的要求。许多人在为培训预算资源不足和信息系统不合适而苦恼。而且,许多政策制定者认为,层级组织结构缺乏灵活性,与专业决策不相容。

社会学习将是积极主动的,更喜欢政策创新而不是无所作为,这将是一个进化的、学习的社会和一个政策的社会。以下是一些熟悉了解政策的方法。（1）政府网站：政府是制定和执行政策的主要机构，因此政府网站是获取政策信息的重要途径。可以通过搜索引擎或政府机构官方网站查找相关政策文件，如法律法规、通知公告等。（2）新闻媒体：新闻媒体是传播政策信息的重要渠道。通过阅读报纸、杂志或关注新闻网站，可以及时了解政策的最新动态和相关评论。（3）社交媒体：许多政府机构和政策专家也会在社交媒体上发布政策信息和解读文章。关注相关账号可以获取最新的政策动态和讨论。（4）政策研究机构：政策研究机构是专门从事政策研究和分析的机构，它们发布的报告和研究成果可以帮助我们深入了解政策的背景、影响和趋势。（5）参与政策讨论：参与政策讨论可以让我们更深入地了解政策的制定过程和利益相关方的观点。可以通过参加听证会、座谈会或在线论坛等方式参与讨论。（6）培训和学习：了解政策需要具备一定的专业知识和分析能力。通过参加培训课程或自学相关书籍，可以提高自己的政策分析水平。（7）政策数据库：政策数据库是一个集合了各类政策文件的在线数据库，方便用户查询和检索。通过使用政策数据库，可以快速找到特定领域的政策文件并进行比较和分析。总之，熟悉了解政策需要不断关注、学习和分析。通过多种途径获取信息并综合运用，可以帮助我们更好地理解和应对政策变化。

学习政策是一个不断发展的过程，需要不断学习和探索。以下是一些学习政策的方法。（1）了解政策背景：在开始学习政策之前，了解政策的背景和制定过程可以帮助我们更好地理解政策的意图和目标。可以通过查阅相关资料、新闻报道或政府文件等方式获取这些信息。(2) 阅读政策文件：政策文件是政策的主要载体，因此阅读政策文件是学习政策的重要步骤。可以通过政府网站、新闻媒体或政策数据库等途径获取政策文件，并认真阅读其中的内容。(3) 分析政策内容：政策内容通常包括政策目标、措施和执行方式等。在学习政策时，我们需要对这些内容进行分析和理解，以了解政策的实质和影响。(4) 探索政策影响：政策不仅包括具体的措施和规定，还可能对经济、社会和环境等方面产生影响。在学习政策时，我们需要探索这些影响，并思考如何应对和适应。(5) 参与讨论和交流：与他人交流和讨论政策问题可以帮助我们深入了解政策的各个方面，并拓展自己的思路和视野。可以通过参加论坛、讲座或与其他人士进行交流等方式参与讨论。(6) 实践和应用：学习政策的最终目的是将其应用于实践中。因此，需要将所学的政策知识运用到实际工作中，并不断反思和总结经验，以提高自己的实践能力。总之，学习政策需要耐心、恒心和批判性思维。通过不断学习和实践，可以逐渐提高自己的政策分析能力和应用能力，为个人和社会的发展做出贡献。

五　社会诠释与公共政策

政策制定者创造了一个政策体系——充满策略、方案、情节、目标、行动等，将政策倡议的各个方面编织成一个相对连贯的叙述，将政策与一个个问题联系起来，并确立一个值得称赞的目标。那么，政策知识，连同它的社会结构和政策的其他要素，不仅嵌入了政治言论，而且嵌入了实际政策本身，强化了对目标群体的基本假设。政策解读，重在"解"字，就是能够理解文字的含义，对出台的政策有一个较为清晰的认识。通过政策解读，可以挖掘新的商业机会，实现业务创新，与客户同频沟通交流，还能将政策内容运用到日常工作中。通过政策解读，掌握重要政策文件的出台背景、目的意义及其执行口径、操作方法以及解释性说明等信息，能了解市场的发展情况，分析出未来的趋势走向以及有机会挖掘到潜在的商业机会。解释性政策分析涉及公开分析、论证分析和变异分析。所谓的"读者反应理论"认为，文本的意义并不单独存在于文本中，也不存在于作者对文本的意图中，而是存在于读者阅读时带来的东西中，或者存在于这三者之间的某种相互作用中。

作为理解公共政策及其立法和实施过程的可行方法和工具，解释性政策分析在学术环境中比在实地实践中找到了更强大的归宿。政策分析家和其他人越来越面临方法和工具的局限性，这些方法和工具忽视了与政策相关的公众的社会现实——社会解释。技术理性工具，如成本效益分析，以及大规模调查和高速计算机的结合，为政策制定者提供了解决棘手社会问题的可能。多年来对这些解释的经验表明，它们在某些情况下是有用的，但复杂的问题需要解释性分析工具，那些技术性工具可能会过度简化社会现实，以便将它们强行纳入限制性和假设性的模型中。人类的复杂性需要方法论上的感知和同等程度的复杂工具，以便更好地解读和掌握这种复杂程度。这是解释性政策分析的希望——一套将政策的意义及其非常人性的能动性重新置于分析焦点中心的实践。解释性政策分析越来越广为人知,其应用范围也越来越大。

今天所做的许多政策工作都反映了解释学假设。从语言分析到系统分析再到话语分析,以及其他文本处理的所有方式,政策社会学已经将分析注意力重新集中在政策本身构成政策的方式上。政策社会学为政策学对解释性的呼吁添加了一个深刻的论证:后者更多地关注研究者的"立场"——他的生活经历以及各种个人背景元素塑造对人和地点的访问的方式,以及对它们的理解;前者要求注意词语选择和其他文本结构存储库中的设备,将其本身作为一种发现方法。这种方法强调了内在预测科学中的"双重解释"——我们对他人的言语、行为和其他事物进行分析的基本原则。对于包括公共政策在内的人类事物而言,"解释"表达了人类的意义,而不仅仅是以目标为导向的工具性方式的理性,我们需要一种分析方法,使我们能够参与价值观和情感(或情绪),从而获得非常人性化的、表达性的品质。

政策社会学理论认为,对"政策"有多种了解渠道,这些了解会产生反应和后果。在我们的政策理解框架中,社会建构是定义和理解政策的方式。这些都是情绪化、时效性的,不容易被经验事实取代,也不会被重新构建问题的尝试抵消。政策理解是指赋予物体、人、想法和事件的积极和消极的价值观。基于政策的学习运动的可信度似乎越来越受到基于诠释研究的挑战,这些研究强调了在政策学习中主观能动性的诠释性,它表示一个迭代的意义建构过程,而不是一个循序渐进的过程。在理解某事(一个政策或两个政策之间的协调关系等)时,研究者兼分析师从他当时能够做出的任何意义开始,通过进一步地反思或调查发展了这种解释。以此类推,随着之后的思考和探究,每一次都增加了另一层理解。这种循环意义建构是解释性政策过程本身的特征,它暗示了与更传统的、实证主义的政策分析的逐步自我解构的核心区别。

诠释政策是理解政策的重要一环,需要深入思考和探究,以下是一些诠释政策的方法。(1)明确政策目标:首先要明确政策的目标和宗旨,了解政策制定的目的和意图。这样可以更好地理解政策的导向和价值取向。(2)解读政策措施:政策措施是实现政策目标的具体手段和方法。需要认真解读政策措施的内容、实施方式和预期效果,探究其合理性和可行性。(3)分析政策背景:政策是在一定的社会、经济、政治和文化背景下制定的。理解政策的背景可以帮助我们更好地理解政策的产生和实施的环境,从而更好地把握政策的实质和影响。(4)关注政策执行:政策的执行是政策效果的关键。需要关注政策执行的过程、监督机制和实际效果,探究政策是否得到有效执行,以及执行中出现的问题和解决方法。(5)思考政策影响:政策不仅影响特定的群体或领域,还可能对整个社会产生广泛的影响。需要思考政策的短期和长期影响,以及这些影响可能带来的机会和挑战。(6)探索政策意义:政策的意义在于其对个人、社会和国家发展的重要性。需要探索政策的现实意义和价值意义，理解其在推动社会进步和发展中的地位和作用。(7) 评估政策效果：评估政策效果是诠释政策的重要环节。需要客观评估政策的实际效果，探究其成功或失败的原因，并提出改进的建议和意见。总之，诠释政策需要全面、客观和深入的思考。通过多角度地诠释和探究政策的各个方面，我们可以更好地把握政策的内涵和意义，从而为更好地应用和实施政策提供支持。

六　社会理解与公共政策

社会理解与政策执行之间的联系对于将政策转化为符合社会动态的有效行动至关重要。从不同的理论和方法角度来探讨这种关系，可以深入了解政策，理解如何促进政策实施的成功。政策社会学的社会认知理论强调社会学习、社会了解、社会诠释和社会理解的重要性。应用于政策实施，这一理论表明，积极倾听并根据现实经验来调整政策的政策制定者更有可能取得成功的结果。社会理解强调理解问题的根本原因和社会影响，而政策执行的目标之一就是解决社会问题。通过社会理解，政策执行者可以更好地理解问题的复杂性，从而采取更有针对性的行动。

社会理解注重政策逻辑、政策检验和政策学习，它将是非教条的、负责任的、理想实践的和科学的。对跨政府部门工作的联合政策的理解被视为对政策学习者的重大挑战。尽管人们充分理解联合的必要性，但获得并维持其他部门的支持被认为是困难的，并且是变革性的障碍。政策学习者被要求确定什么最能支持政策制定过程的现代化，最强烈的呼吁是分享政策学习的最佳实践。其他形式的支持包括更多的时间和更多与他人建立联系的机会、更先进的信息技术系统、更多的培训、招聘过程中更大的灵活性以及政策理解需要更多地考虑政策实施的特征。

成功的政策实施通常取决于个人和组织对新政策的学习与理解。理解理论有助于决策者确定关键的采纳者、沟通渠道和促进政策传播的策略。了解理解理论有助于政策制定者预测影响政策遵从、抵制或适应的因素，从而制定适配的实施策略。社会理解可以帮助政策执行者更好地了解政策目标在社会实际情况下的适应性。这有助于调整政策实施的策略，确保政策能够达到预期效果。社会理解的方法，如深度访谈、社会调查等，可以为政策执行者提供实时的数据和反馈。这些数据和反馈有助于政策执行者了解政策实施中的问题和挑战，及时调整策略。运用社会认知理论、参与式方法、创新扩散理论、社会网络分析和制度理论的见解，政策制定者可以通过考虑个人行为、利益相关者参与、协作网络和制度背景等来提高政策成功实施的可能性。这些综合办法不仅能够确保有效地设计政策，而且能够确保有效地实施政策，从而产生预期的社会结果。

政策实施通常需要不同利益相关者之间的合作。社会理解有助于决策者确定有影响的行动者、信息流中的差距和沟通中的潜在瓶颈，从而加强协作和信息传播。社会理解方法强调对社会环境的适应和灵活性，这与政策执行中需要随时调整策略以适应变化的要求相吻合。社会理解强调政策目标的实际落实，政策执行也应该着眼于满足社会需求。社会理解方法可以帮助政策执行者更好地理解社会需求，确保政策落实切实有力。社会理解方法强调与社会互动和合作，政策执行也需要与利益相关者合作。这种合作有助于更好地实施政策，更好地解决问题。围绕政策实践和实施的趋同，其中决策风格、制定政策选择的方法以及为政策选择提供信息的想法和价值观都可以被模仿和执行。重点当然是潜在趋同的每个层面都受到一系列不同的行为者及其利益、社会政治环境、资源选择、制度遗产和更广泛的社会法律背景的影响，这些背景强调了决策、解释以及思想和意识形态合理性的更广泛作用，它们被解释、使用和部署。

理解的方法鼓励政策相关者积极参与社会情境，以获取深入的洞察。通过与被研究对象共处，研究者能够更好地理解他们的行为、价值观和文化背景。该方法能够获得近距离的观察数据，帮助研究者深入了解政策现象的背后动机和意义。通过与个体或小组的交流，深度访谈法能够揭示他们的观点、经历和情感，从而获得更为详细的信息。这种方法能够获取丰富的定性数据，有助于揭示被研究者的主观体验和内心世界。理解方法强调与社区或组织合作，共同识别问题、制订计划并实施，从而深入理解社会问题并促进变革。参与式行动研究能够在研究过程中促进实际影响积极变化，通过与政策互动来实现更深入的理解。通过比较不同文化、社会群体或时间段的数据，揭示共性和差异，帮助研究者理解社会现象的背后模式和因果关系。比较分析法能够从广泛的视角探索社会变化和文化差异，推动理论发展和交叉学科研究。社会理解最好是在现实生活中的社会情境中培养。在学习第一手经验、互动和接触不同的社会情境中，情境学习促进社会理解的认知和情感方面的整合。

积极参与社会理解为政策提供了实时应用其调节技能的机会。这种亲力亲为的理解方法促进了换位思考、同理心和情绪调节的发展。社会理解和协作互动鼓励个人参与共同解决问题、谈判和合作。社会理解的方法与政策制定、实施和评估的各个阶段密切相关。有效的政策制定需要对社会动态、利益相关者的观点和政策的潜在社会影响有深刻的理解。社会理解的方法提供了能够提高政策过程的质量与有效性的见解和工具，它们共同支持政策生命周期中的不同阶段。这种关系有助于确保政策的制定和实施与社会需求和现实相符，同时强调利益相关者的参与和问题导向性。人们越来越强调基于理解的政策的必要性，这表明"后现代主义"对理性进步的信念的持续影响。事实上，复杂政策系统有效治理的需要增强了对其理解的重要性，并且有人认为，政策理解提供的"反思性社会学习"构成了"互动治理"日益重要的基础。理解方法在公共行政和政策研究中具有首要地位。"社会理解"的过程涉及多种方法和方法论原则，这些方法在不同学科领域中有不同的特点。"社会理解"的方法涵盖了多种定性和定量研究方法，强调深入洞察和跨学科综合。这些方法在不同情境下能够帮助研究者理解社会现象、关系和变化，从而推动社会科学的发展。

七　更好的社会理解，更好的公共政策

　　基于理解的政策和实践的概念，非常适合政策过程的理性决策模型。这种政策制定和实施过程的概念化长期以来主导着政策研究领域。因此，将政策视为追求目标的有目的的行动方针似乎是合理的，其基础是仔细评估实现这些目标的执行方法并有效实施选定的行动方针。此外，通过明确我们希望实现的目标并评估所实施的政策实际实现这些目标的程度，可以增强理性。如果政策是由目标驱动的，那么评估也应该是由目标导向的。这样的评估完成了整个周期并提供反馈以改进政策。那么，在这个理性模型中，重点是改进研究和评估的"工具"。在这种工具理性模型中，政策制定者寻求以非政治性、科学的方式"理性"管理经济和社会事务，从而使社会政策或多或少成为社会技术的一种运用。为公共政策提供坚实基础的理想知识形式被认为是通过定量方法得出的，并经过了经验测试和验证。

　　但是，人们认为量化议程在改善政策制定证据基础方面的潜力有限。有人认为，科学知识不能具有独特的客观性，研究不仅仅要以工具性的方式为政策制定提供信息，而且要在促进政策制定者更广泛的"启蒙"方面发挥着重要作用。从建构主义的角度来看，政策制定被视为权衡信念的深思熟虑的过程，是解释和评估世界的多重框架条件下的原则和行动。选择适当的方法需要根据研究问题、目标和资源进行综合考虑。在社会理解中增强同理

心和有效沟通的技术，如体验式学习和积极倾听，在政策实施过程中是有价值的。成功的实现通常需要解决群众关注的问题，并使政策适应现实环境。因此，现代政策体系呈现出三个主导且普遍存在的趋势：第一，政策知识来源的跨国化理解；第二，重新定位政府在政策制定方面的作用；第三，随着非政府机构、私人协会和专业网络在政策制定和政策理解中发挥着越来越重要的作用，政府和办公机构脱离了政策制定的唯一层。

政策社会学研究公共政策干预的问题和需求的证据，需要更好地了解社会问题的具体性质和发生率对于提高政策反应的有效性。此外，还涉及目标设定的过程。因此，更好地了解要解决的问题以及可能的政策选择的有效性将帮助关键利益相关者在制定目标的过程中进行审议。这些研究结果对于我们如何理解政策制定、谁制定政策、制定政策的原因和方式具有重要意义。它还表明需要重新构建我们的理论视角，重点关注与政策知识传播相关的过程、政策知识如何以及通过什么渠道传播、政策知识如何在特定的国家和机构背景下学习和内化及其原因。可以将这种对基于理解的政策的重新强调视为对理性主义的一种反思，这种理性主义在当代关于后现代性的写作中受到了严重的挑战。最激烈的是，理解只是有助于政策和政治承诺的合法化，只是对政策过程的一种影响，并且"并不总是有影响力，而是被惰性、权宜之计、意识形态和金融等强大政治力量所取代"。政府参考循证决策的概念寻求使其政策合法化，但只有在支持政策驱动的优先事项时才会使用社会理解。基于理解的政策制定的理想模型基于以下方面相关的假设：知识和理解的性质、社会制度和政策的运作方式、政策评估所需理解的方式、我们可以确定成功或良好实践的基础、评估理解在改进政策和实践中的应用方式。

事实上，后现代主义思想家的著作加强了这一潮流，他们基于"对人文主义传统的全面不满"，设置了"一场巨大的篝火"。在现代理性主义假设下，后现代主义对理性的批判拒绝客观的外部世界的概念，也拒绝通过寻找"元叙事"来为知识提供可靠的基础。有人认为，不可能有任何确定性，一切都取决于"激进的主观性"。当然，关于社会世界"可靠"知识的基础的认识论争论仍在继续，但社会科学哲学中的现实主义传统在关注使政策制定更加科学的背景下正在复兴，以理解为基础。现实主义者认为，存在独立于认知的社会现象，可以用潜在机制（可能无法直接观察到）来解释，社会科学的任务是理解机制如何与情境因素结合起来产生社会现象。如果社会科学对于帮助应对我们所处的人类世界毫无用处，那么它的发展就毫无意义。社会理解的任务是了解什么有效、对谁有效、在什么情况下以及为什么成为推动社会改革的基础。事实上，"阐述的是有效的"这句话已经成为理解政策圈子里的一句口头禅。理解主义者认为，社会理解为客观主义者的过度乐观主张和相对主义者的过度悲观虚无主义之间的"中间立场"提供了基础。

在基于理解的政策辩论中，这一点比评估的作用受到的关注要少一些。然而，这种"基础"研究可以被视为对更好的基于理论的评估的补充，为评估研究中测试假设的更清晰和更具体的阐述提供基础，从而有助于抵消上述与因果推理标准相关的局限性。社会理解与政策评估之间的关系是多方面的，可以从不同的理论和方法角度进行探索。社会理解提供了政策评估所需的深刻洞察和实际信息，而政策评估则可以借助社会理解的方法来更好地了解政策效果和社会反应。社会理解中使用的反思性实践，如内省和情绪调节，与政策评估的内省性质相一致，两者都涉及分析经验、互动和结果，以做出明智的判断。反思性实践理论强调从经验中学习以改进决策的价值。这一理论适用于政策评估，政策制定者反思政策结果，以完善未来的政策。社会理解的方法与政策制定、实施和评估中使用的方法是相互关联的，因为它们强调不同的观点、有效的沟通和反思实践。

将社会理解方法纳入政策过程可以产生更具包容性、反应灵敏和信息灵通的政策，以解决社会需求和政策复杂性。社会理解理论关注社会内部的公平、平等和资源分配，它强调纠正系统性不平等，确保政策有利于边缘化群体，通常根据其公平影响来评估政策。理解社会公正理论有助于评估者分析政策是否不成比例地影响某些群体，以及它们是否有助于减少社会不平等。社会理解有助于理解社会对政策的反应，政策评估则需要考察政策是否达到预期目标以及社会如何响应。这种理论逻辑关联有助于全面评估政策的影响。以利用为中心的评价，优先考虑使评价对决策者有用和适用。它强调将评估设计与利益相关者的需求结合起来。以利用为中心的评估与政策评估的实际应用目标一致。通过考虑决策者的需要和问题，评估人员能够确保他们的调查结果直接有助于知情决策。

  提高政府效率的方法需要两种主要形式的理解。第一个是促进结果问责的理解——政府正在有效运作的理解。第二个是通过更有效的政策和计划促进改进的理解——这些政策和计划在不同情况下"运作"得如何的理解。这两种形式的理解本质上是不同的。第一个主要是以绩效属性信息的形式，并反映在政府绩效管理的增长中——越来越多地使用绩效指标和目标，这里我们谈论的是有关政策干预如何实现社会系统变革的知识。社会公众有动力通过政策理解来解决自身问题。调和这些有时不相容的政策的一个常见策略是不断熟悉了解政策内容，以便通过理解"为好人做好事"和"惩罚坏人"来获得政策理解，并选择政策工具，表明政策理解有助于解决问题。换言之，为了使这种叙述对公众具有说服力，目标人群必须具有政策理解，以便对他们选择福利或负担有一个假定的逻辑。政策工具、规则、实施计划和理由都需要以一种至少对足够多的民众"有意义"的方式排列，以确保社会对公共政策的熟悉理解。

  公共政策向目标群体和广大公众发出了丰富复杂的信息，表明各种群体的积极和消极特征使政府对待他们的方式合法化。在政策决策事前"正确性"以及按预期实施政策的能力不确定的情况下，有必要加强了解在提供最新信息方面的作用。社会有必要掌握有关政策绩效的信息，并建立根据此类信息采取行动修改政策设计和实施的能力。事实是，在难以管理的复杂性情况下，公共政策问题的实践往往会更有效地通过局部实验试错来指导，而不是通过无法应对交互反馈的复杂性和不可预测性的智能技术的社会反馈来更有效地指导。然而，朝着以理解为目标的政策学习这一更"现实"的立场的转变，可能会存在将处方与描述混为一谈的风险，并破坏更好政策学习的规范愿景。需要回顾支撑我们基于学习的政策执行思维的思想，并超越工具理性的领域，转向建立在两个知识支柱之上的立场：我们不断发展的关于复杂适应性系统的知识，以及来自实用主义哲学立场的思想——关于政策科学知识及其在指导解决社会问题的行动中的作用。政策的制定和实施过程是在社会理解背景下进行的，并受到一系列利益相关者和利益的合法甚至非法的影响。

可靠的知识为有效的行动提供了坚实的基础，它具有解释性和理论性，提供对政策如何运作的理解。对公共政策和计划进行评估，以帮助制定公共政策和计划，从而改进政策制定。因此，社会理解将帮助确定哪些措施有效、为什么有效，以及哪些类型的政策举措可能最有效。必须大大提高我们作为政策家必须做出的复杂且经常受到限制的决策的质量和敏感性。在现代政府的概念中，评估尤其需要发挥更大的作用，提供绩效信息，以加强问责制和"结果控制"，并提供有效的证据，为政策学习和改进提供信息。然而，这一立场是以关于政策制定过程的性质和有效社会知识的性质的某些假设为基础的，而这些假设是有争议的，这削弱了"有一种最佳方法来改进基于理解的政策制定"的观念。因此，对基于理解的政策的新热情给以理解为基础的政策带来了新的生命，包括对测量的关注、对可靠性和有效性的传统担忧以及定量方法中捕获的其他担忧。政策理解涉及认知方案或框架发展的社会条件的话语或争论过程，这些方案或框架对政策的目标和假设提出疑问。理解研究和一般的社会科学研究被认为更多的以概念性而非工具性的方式使用，以非系统性和分散的形式影响决策者，"渗透"到政策领域并影响对政策问题的思考，为政策制定者提供帮助。理解背景影响我们看待问题的方式和我们考虑公共政策的思想和观念。

第十章　社会运行与公共政策[*]

操民之命，朝不可以无政。

——《管子·权修》

政策社会学的核心主张是认为有能力扩大明确的逻辑推理、经验知识和共识话语在公共政策中的作用。政策社会学的主要用途不是将特定理论应用于特定政策。相反，政策社会学倾向于利用研究作为思想、信息和政策定位的来源。尽管这一过程不易辨别，但随着时间的推移，它可能会对政策产生深远的影响。即使是挑战当前价值观和政策可行性的研究也会被决策者认为是有用的。

一　社会运行的基本概念

社会运行（Social Operation）是指社会有机体自身的运动、变化和发展，表现为社会多种要素和多层次子系统之间的交互作

---

[*] 感谢北京市委党校硕士研究生陈筠潼对于本章写作的帮助和贡献。

用以及它们多方面功能的发挥（郑杭生，2013：53）。社会运行包括社会制度、社会结构、社会行动与社会理解等要素（见图10-1）。社会运行存在于社会实在之中，与政策运行发生能动的互相作用，社会运行是政策执行的基础和保障。政策执行总是这样或那样地与某种社会运行背景结合在一起，因而也总是这样或那样地受到社会运行的制约和影响。不同的社会运行体制有不同的政策执行效率；同样的政策在不同的社会实在和社会运行体制下，其表现形式和运作过程、方式也是不完全一样的。另外，无论社会实在还是社会体制，都必须通过一定的政策执行才能有效运行和更好地发挥作用。而每一个社会运行的形成，又需要若干要素的相互联系和相互作用。这样，社会运行的本质要求和基本目标就借助政策执行的作用而具体化、细化和现实化了，具有可操作性，因而更容易落到实处。

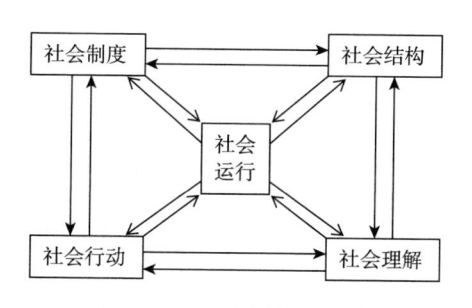

图 10-1　社会运行的组成

二　社会运行与公共政策的关系

社会运行在社会实在中与政策系统发生复杂的交互作用，没有社会运行作为背景,政策系统便无法发挥其本来的作用。政策总是需要与各种社会运行领域结合,对社会运行产生影响的同时也受到其制约和限制。为了实现良性的社会运行和协调发展,就必须通过一定的政策过程来满足其条件。也就是说,社会运行为政策系统提供了宏观的目标和指引,而通过政策过程,社会也能更好地具体化、可操作化地将社会运行落到微观的实践上(陈志光、李兵,2022)。从多源流理论来说,社会想推动政策过程和实现政策变迁,就必须等待政策之窗的开启。政策之窗又可以分为以问题为基础的"问题之窗"和以政治为基础的"政治之窗",所以社会问题和社会冲突就成了政策过程的开始和动力源,不断影响着不同领域的政策过程。

三 畅通社会运行,构建中国式现代化的政策体系

自1949年以来,我国因政策不断进步发展而民富国强,比如农业补贴政策、最低保障政策、减免学杂费政策、养老保险政策、就业优先政策、出口退税政策、脱贫攻坚政策、共同富裕政策等都为实现经济稳定发展、社会和谐团结做出了不可估量的功绩,也为世界和平与发展不断贡献中国智慧、中国方案、中国力量。尽管中国的政策实践取得了举世瞩目的成就,但在政策科学领域的理论创新和理论发言权却还不多。正确总结马克思主义中国化时代化的政策创新范式,既为中国的政策实践提供了理论支持,也为世界人民的政策理论提供了中国智慧,是中国政策研究

者义不容辞的责任和义务。马克思主义中国化时代化的政策创新范式,坚持人民至上的政策目标,构建自信自立的政策框架,树立守正创新的政策原则,采取问题导向的政策行动,使用系统观念的政策方法,表达胸怀天下的政策情感,形成了一个完整、系统、有效的政策体系。

(一) 坚持人民至上的政策目标

治国有常,利民为本。为民造福是立党为公、执政为民的本质要求。政策的最终目的是为人民谋利益。公共政策是社会治理的手段,更是公平正义的表现。正如孟子所说:"仰不愧于天,俯不怍于地。"政策体系不能愧对天地,不能愧对社会的良心。例如,中国政府自1986年开始扶贫开发,2015年制定并实施脱贫攻坚战略,2020年实现农村贫困人口不愁吃、不愁穿,义务教育、基本医疗和住房安全有保障(燕继荣,2020);新时代脱贫攻坚形成了许多宝贵的经验,其中坚持以人民为中心,实现人民共享是最重要的经验之一,脱贫攻坚深刻地蕴含着全民共享的政策追求与政策关怀(张富文,2022)。紧接着,党的二十大报告强调,要扎实推进共同富裕。实现共同富裕,不能仅停留在理论和哲学层面的讨论,更要实现理论和具体政策设计的衔接(郁建兴、任杰,2021)。具体政策措施包括:坚持发展是硬道理,不断提高广大人民群众的富裕程度;推进城乡融合发展,缩小城乡居民的差距;统筹协调区域发展,缩小地区之间的贫富差距;缩小行业之间的收入差距,实现收入分配公平公正;把改革发展成果体现在人民的生活质量和健康水平的不断提高上,真正实现基本公共服务均等化(李实,2021;张来明、李建伟,2021;刘培林等,2021)。

(二) 构建自信自立的政策框架

政策过程在政策科学中通常被概念化为以下几个节点:议程设置,问题定义,政策制定,政策决定,政策执行,政策评估和政策维持、继承或终止。其中最为关键的步骤是政策制定、政策执行和政策评估,中国的政策实践在这三个方面都形成了自己的特色,从而构成了自信自立的政策体系。

1. "民主集中制"的政策制定

政策的起点自然是政策本身,政策制定是政策过程最为重要的环节。许多政策之所以失败,就是因为它们设计得不好。如果政策"一诞生就残破",那么即使是"世界上最好的公共官僚机构也没有机会使它们成功"(Linder & Peters, 1987)。而政策科学最为重视"民主决策原则",Fischer(1995)、Dryzek 和 Douglas(1993)以及 DeLeon(1997)都提倡"政策科学的民主化"。以民主方式制定政策是有必要的,更多的民主比更少的好,公民要"最大限度地参与"行政活动(P. DeLeon & L. DeLeon, 2002)。

区别于西方的"民主"政策,民主集中制是我们党的根本组织原则和领导制度,是马克思主义政策区别于西方政策的重要标志。在全面建设社会主义现代化国家的新征程中,推进党的建设新的伟大工程,坚持党对一切工作的领导,必须坚持好、运用好民主集中制。例如，新中国第一部宪法的诞生就完整、全面、详细地体现了我国重大政策制定的民主集中制原则。1953年1月，根据中共中央的提议，成立了以毛泽东为主席的中华人民共和国宪法起草委员会。全国政协、各地方、各民主党派、人民团体和武装部队等组织了各方面人士8000多人参加宪法草案的讨论，提出修改意见5900多条。经过81天的广泛讨论和反复修改，宪法草案被刊登在了1954年6月15日的《人民日报》上，提交全国人民公开讨论。历时近三个月，全国1.5亿余人共提出了118万多条修改意见和建议，由各地党政领导部门及时上报中央，宪法起草委员会认真讨论、再作修改。1954年9月20日，《中华人民共和国宪法》在中华人民共和国第一届全国人民代表大会上全票通过（逄先知，2009）。

2. "上下联动式"的政策执行

政策执行是"政策变现"的过程（贺东航、孔繁斌，2019），是执行和完成一项政策的过程，也是将政策与行动联系起来的机制、资源和关系（Pressman & Wildavsky, 1973）。在中国，有中央、省、市、县、乡镇五级政府部门，形成了自己独特的政策执行路径。

其一，中国特色社会主义制度建立的自上而下的政策执行路径。"高位推动"是我国公共政策执行的重要特征，能够积聚充分的政策资源以保障其有效执行（任鹏，2020）。高位执行的两种基本形态是法律和伦理，二者的有机结合构成了合法合理的权力。合法合理的权力是中国政策执行的基础，既合法又合理的权力在社会看来才是具有正当性的权力,政策对象对于高位推动的服从和这种正当性是分不开的。

其二,中国特色社会主义制度建立的横向联系的政策执行路径。一项重大的公共政策往往具有政治、经济、社会、文化、生态等多方面的复杂属性,可能涉及规划、财政、土地、户籍、公安、卫生、城建、人社、文体等众多部门,中国风格的政策执行,通过横向部门之间的联系、沟通、合作,甚至也有竞争和冲突,来推动政策的顺利执行。运用资源交换和信息交流等手段,减少"政策梗阻"和"政策失真"现象,实现公共政策的目标和绩效(贺东航、孔繁斌,2011)。

其三,中国特色社会主义制度建立的自下而上的政策执行路径。可以肯定的是,政策科学所研究的自上而下和自下而上的政策执行路径是由完全不同的制度规范所激发的——自上而下的政策执行路径以传统的制度规范为依据,而自下而上的政策执行路径则更多的依据创新的制度设置。中国特色社会主义的制度设置认为,基层政策人士和政策组织拥有重要的技能和资源,并拥有实用的知识,可以支持上层决策者和政府官员更好地理解政策和解决问题。

3. "内外结合式"的政策评估

国内外大多数学者一致认为,项目评估是政策实施的关键(Mazmanian & Sabatier, 1983)。执行和评估被认为是两个不同的阶段,作为同一枚硬币的两面,执行为评估提供实践经验;而评估为执行提供情报,以帮助理解正在发生的事情(Pressman &

Wildavsky，1984）。根据政策属性不同，中国的评估主体一般分为内部评估主体和外部评估主体。内部评估主体主要包括政策规划部门、人大审议部门、政协协商部门、政策监管部门、决策咨询部门、技术支撑部门等，内部评估的这些部门普遍具有专业性、权威性和前瞻性。外部评估主体主要包括专业评估机构、相关社会组织、科研高等院校、人民群体团体、政策执行对象等，外部的评估部门更多的具有代表性、独立性和距离性。中国风格的内外结合式的评估体系，规范和解释了中国的政策理论和政策实践。中国风格的内外结合式的评估体系，制定和要求了政策执行预期可以达到的目的和结果。

（三）树立守正创新的政策原则

党的二十大报告要求我们守正创新，不断推进马克思主义的中国化时代化。这与中华优秀传统文化的观点非常契合，《易经·系辞上》载"一阴一阳之谓道"；《老子·道德经》载"以正治国，以奇用兵"；《孙子兵法·兵势篇》载"以正合，以奇胜"。

中国特色的政策创新就是不断抛开旧的不合时宜的政策，创造新的更具生命力和活力的政策。一百多年党史、七十多年新中国史和四十多年改革开放史涌现出了丰富的中国特色案例，例如：北京市"街乡吹哨、部门报到"创新党建引领基层治理；河北省巨鹿县"医养结合"特色鲜明的医改新样本；江苏省淮安市洪泽区探索"五位一体"农田水利设施管理和运行新模式；浙江省象山县探索农村宅基地"三权分置"，激发乡村振兴新活力；

安徽省合肥市公共资源交易"在阳光下运行"的探索;江西省井冈山市以改革思维和创新办法推进精准脱贫;河南省洛阳市大力实施"四河同治、三渠联动",创新落实河长制;湖南省郴州市"1+X"监督执纪形式成为纪检工作新经验;广东省佛山市禅城区"区块链+共享社区"创新社会治理;山东省济南市以"实在实干实绩"为用人导向,深化干部人事制度改革;重庆市永川区成乡村的"乡贤评理堂"善治新实践;贵州省贵阳市探索城市"三变"改革,构建公平共享格局;陕西省延安市"两说一联"多元化解矛盾纠纷。这些遍布各地、内容丰富、形式多样的政策实践和政策创新为政策科学的发展贡献了丰富的论据。

(四)采取问题导向的政策行动

拉斯韦尔指出了政策科学的问题导向(Problem Orientation),这进一步刻画了政策科学的图景(Lasswell,1970)。异曲同工的是,中国的政策行动也特别强调问题导向。问题导向根植于对政策价值和目标的理解,致力于改进政策的实质内容和针对性措施,追求政策的实效和时效。

1. 实在问题导向的政策行动

"问题—政策"正是对应、匹配的关系,是解决与被解决的关系。公共政策就是政府为解决各种各样社会问题所做出的决定(谢明,2018:6~8)。中国风格的政策范式坚持一切从客观问题出发制定政策、推动政策。改革开放以后,邓小平提出的"摸着石头过河",就是主张从实践问题中获得政策路线。中国特色社会主义的政策创新认为政策过程始于问题，以解决问题为政策导向，立足中国实际，解决中国问题。马克思指出："问题就是公开的、无畏的、左右一切个人的时代声音。"世界上最完善的政策成果都是在回答和解决人与社会面临的重大问题中创造出来的。首先以精准分析问题作为政策制定的基础和依据，政策制定不是凭空捏造、无中生有、指鹿为马，也不是求助于神秘、占卜、信仰、权威、推测、道德、文学、常识等，而是有着深厚的实在基础和问题导向。其次以高效解决问题作为政策执行的目的和方向，一分部署，九分落实，政策制定得再好、问题再明确，没有强有力的措施和执行都是纸上谈兵，政策执行要针对问题的薄弱环节，找到问题的突破口和关键点，要坚持落地、落细、落实。最后以科学评估问题作为政策终结的依据和根据，要用人民的获得感、幸福感、安全感来衡量问题的完成程度，公共政策是为人民大众谋取福利的工具手段，最为关键的就是能够惠及每一个群体和个体。

2. 未来问题导向的政策行动

问题意识蕴含着批判精神、忧患意识和超前眼光。有强烈的问题意识，就会时刻关注现实又防患于未然。在快速变化、日益增长的复杂性和关键的不确定性时期，负责任的政策需要为意外做好准备。中国古代智慧讲"凡事预则立，不预则废"，就是告诫我们不能在船下沉时才讲授航海知识（陈志光、李兵，2022）。久负盛名的以色列政策科学家德罗尔明确断言，政策导向的未来研究是政策科学的一个分支。未来研究是一门使用"未来图像"

的"行动科学"。我们现在所做的每一个决定都包含一些对未来的看法——如我们所期望的，或我们所希望的，就是我们所担心的。如果我们对未来的想象不同，今天的政策也会不同。每个政策都涉及对未来问题的一些假设，明确这些假设是未来研究的职能。由于我们不能准确地知道未来，我们必须描述各种可能的选择，以便对可能发生的各种未来状态进行测试。但未来哪些是可行的，哪些是不可行的？这是政策研究的中心问题。未来问题的政策导向可以通过以下几种方式来培养：（1）以历史经验和现实数据为参考，把未来政策牢牢地建在日常活动的具体情况上；（2）警惕简单化的单一主义，因为它倾向于过度简化、同质化、非经验结构、外推、肤浅的类比或一厢情愿的规范主义，特别需要我们通过观察复杂的情况以产生新的见解和新的解释；（3）发展跨学科的政策研究能力，超越看似简单的学科划分和领域界限，通过意识到看似不相关的方面之间的关系来进行政策创新和政策导向。

（五）使用系统观念的政策方法

正如农民的锄头、工人的锤子、过河的桥船，方法对于政策的执行至关重要。亚里士多德著作《工具论》，创建了演绎法；培根著作《新工具论》，创立了归纳法；笛卡尔著作《方法论》，把数学引进了方法论；黑格尔著作《逻辑学》，创建了辩证法；马克思和恩格斯著作《资本论》，创立了唯物辩证法。这些不同维度的方法论都为中国的政策实践提供了方向和指引，从而形成了中国特色社会主义政策方法。

1. 政策整体论

简单地说，系统就是相互联系和相互制约的各要素之间的组合，以及它们各自属性和相互关系的整体。马克思是政策研究系统分析的开创者。马克思主义强调，不同要素之间存在着相互作用，每一个有机整体都是这样，反对孤立、片面地观察和解释个别社会现象和问题。这就是说整体性原则要求政策研究要有系统思维，以改变传统单一的研究模式和历史研究中那种割裂整体、过于细化的"碎片化"研究取向。一个音响唯有在被纳入音程的情况下方可转换为音乐音符，方可构成音调与音阶，并构成音乐语法的一部分。当前，中国风格的政策创新要充分认识新形势下改革开放的时代性、体系性、全局性问题，努力实现政策体系内外的系统性、整体性、协同性。其一，政策体系都是在一定宏观制度框架内的，换言之，政策体系的整体性不能拘泥于政策本身，要跳出"政策"看"政策"，要实现政策体系与制度、历史、文化、自然、地理、生态、国防、外交等体系相协调和统一。其二，实现政治政策、经济政策、社会政策、治理政策等的整体合力。政府、市场、社会、居民等多元主体通力合作，以政策"组合拳"方式，使多种政策间协调联动。既要避免"合成谬误"，不同政策相互掣肘，又要防止"分解谬误"，整体任务简单分解，甚至层层冲突。其三，实现政策体系内部政策议程、政策制定、政策执行、政策评估、政策终止等的连贯和通顺。坚持目标与行动相结合，执行与评估相结合，初心与结果相结合，使政策整体的过程"一以贯之""拧成一股绳""劲往一处使"。

2. 政策重点论

马克思主义的唯物辩证法坚持两点论，反对一点论；坚持重点论，反对均衡论。我国社会基础好、发展潜力大、政策有空间、制度有保障，只要我们在政策工作中坚持系统观念，树立辩证思维，抓住主要矛盾和矛盾主要方面，既讲"两点论"，又讲"重点论"，加大政策力度，提高政策精度，形成政策合力，就完全能够保持平稳健康的经济社会环境，实现稳字当头、稳中求进。政策安排要兼顾力度与节奏、当前与长远、发展与安全。以新中国成立以来学前教育政策的侧重点为例来看，第一，效率优先阶段（1949~1978年）。1950年全国幼儿入园率仅为0.4%（董海军、刘海云，2022），1951年政务院颁布了《关于改革学制的决定》，要求幼儿园应在有条件的城市中首先设立，然后逐步推广。到1978年时幼儿入园率为10.6%。第二，效率优先、兼顾公平阶段（1979~2011年）。1979年《全国托幼工作会议纪要》提倡机关、部队、学校、工矿、企事业等单位积极恢复和建立哺乳室、托儿所、幼儿园等；1992年，国务院颁布实行《九十年代中国儿童发展规划纲要》，重点提出了"社会力量办园方向"；2003年教育部等部委联合下发的《关于幼儿教育改革与发展的指导意见》提出，根据城乡的不同特点，逐步建立以社区为基础，以示范性幼儿园为中心，灵活多样的幼儿教育形式相结合的幼儿教育服务网络。1990年幼儿入园比例为32.6%，2010年上升至56.6%（董海军、刘海云，2022）。第三，公平为主阶段（2012

年至今）。2012年党的十八大报告强调，要大力促进教育公平，合理配置教育资源，重点向农村、边远、贫困、民族地区倾斜。《2021年全国教育事业发展统计公报》显示，学前教育毛入园率为88.1%。2022年党的二十大报告再次强调，要促进教育公平，在幼有所育、学有所教上持续用力，建成世界上规模最大的教育体系。

3. 政策发展论

政策将历史、情境与未来连接在一起；人类发展的历史、技术进步的历史、制度变迁的历史，在很大程度上就是一个渐进的政策演化过程。政策发展论是指将历史上有一定关联的政策现象和概念进行制度根源的比较对照、判断异同、分析缘由，从而把握政策发展进程的理论规律和实践因素，认识政策发展的性质、特点和趋势。政策发展的反复性和无限性要求我们要与时俱进，开拓创新，在实践中认识和发展政策，在实践中检验和推动政策。

（六）表达胸怀天下的政策情感

大道之行，天下为公。

1. 弘扬全人类共同价值体系

各美其美，美美与共。互相交流学习促提升，相互借鉴经验谋发展。价值是标志主客体之间意义、效应和状态的范畴；全人类共同价值观即人类关于好坏、得失、善恶、美丑等价值的立场、看法、态度和选择。"和平、发展、公平、正义、民主、自由"是全人类公认的共同价值。其一,和平与发展的政策。中国特色社会主义发展道路是人类史无前例的伟大探索,中国政策为各国探索发展道路提供了借鉴。弘扬全人类共同价值的政策体系为解决当今世界面临的现实问题、实现人类社会和平永续发展,提出了中国理念、中国方案。中国的发展离不开世界,世界的和平也需要中国。其二,公平与正义的政策。公平与正义是全人类共同价值中的两个重要理念,公平正义是世界人民的共同理想。中国外交政策坚持对话而不对抗、包容而不排他的新型国际关系,倡导践行真正的多边主义政策,反对一切单边主义、保护主义和霸权主义。其三,民主和自由的政策。坚持尊重各国主权和领土完整的外交政策,坚持国家不分大小、强弱、贫富一律平等,尊重各国人民自主选择的发展道路和社会制度。坚持世界命运应该由各国共同掌握,国际规则应该由各国共同书写,全球事务应该由各国共同治理,发展成果应该由各国共同分享。

2. 构建人类命运共同体

大道不孤,天下一家。人类命运共同体(a Community with a Shared Future of Mankind)是描述国际关系的一个热词,更是中国国际政策体系的真实写照。中国对外政策不搞"中心边缘"、"零和博弈"、"以邻为壑"、"筑墙设垒"、"脱钩断链"、"赢者通吃"等西方冷战思维。从医疗援助政策到减贫扶贫政策,从基础建设政策到交通通信政策,从文化交流政策到融入融合政策,都为国际社会的发展与稳定做出了突出的贡献。例如,中国提出"一带一路"倡议,增加了全球经济、安全治理体系的多样性,积极推动了区域经济社会合作，承担起更多的国际责任。2020年，中国对共建"一带一路"国家投资177.9亿美元，增长了18.3%，占中国对外投资的16.2%（任洪生，2022）。

四　总结与展望

（一）总结

当代政策问题涉及复杂的、跨领域的经济社会问题，这些问题与不断变化的文化、社会、经济和政治条件以及对可持续发展的追求相结合，对政策制定提出了新的要求。公共政策涉及众多的参与者和资源，通过各种正式和非正式机构，以线性和非线性方式在不同的空间和时间层面上相互作用。行为者和资源之间的大量互动和差异减少了理解彼此职能的机会，并增加了问题的发生率。德罗尔可以被视为政策科学的另一位现代创始人。为了强调政策科学的必要性，他提出了以下两条法则。德罗尔定律一号：虽然问题的困难和危险往往以几何速度增加，但有资格处理这些问题的人数却往往以算术速度增加。德罗尔定律第二号：虽然人类塑造环境、社会和人类的能力正在迅速增强，但以这些能力为基础的决策能力却保持不变。政策往往不是单一目的，而是直接或间接地涉及很多问题的特定方面。因此，单一的部门政策无法解决整个问题。此外，政策往往缺乏协调，存在政策间的重叠甚至冲突现象。政策体系过于复杂，解决方案效率低下甚至无效，从而引发新问题和资源浪费。之所以从社会科学的视角研究公共政策，是因为我们认识到这些问题有许多不同的答案，且这些答案基于不同的观点。经过几十年的政策制定经验，我们已经清楚地看到，部门化、单一维度、单一学科、不协调的政策并不能很好地服务于可持续发展事业。主要问题是政策市场没有提供令人满意的服务供给来满足复杂问题产生的政策制定需求。政策社会学可能是填补这一制度空白并促进其向可持续发展过渡的合适答案。

政策社会学研究了思想、学科和理论之间的相互作用，以及这些相互作用本身如何影响政策。例如，思想本身可以成为占主导地位的意识形态的一种表现，这些意识形态盛行或受到社会的青睐，作为"嵌入式思想"运作。同样，诸如主流化、环境政策一体化或政策一致性等话语传达了一套特定的制度处方。反过来，物质利益可以是潜在思想的表达，这些思想是政策环境中行动者行为的关键决定因素。机构还可以与思想和利益互动，并通过启用或限制某些想法来影响决策，例如通过选择机制和塑造利益集团进行互动。利益集团可以通过塑造"制度议程"上的内容来与制度互动，它们还可以通过赋予某些世界观和价值观相对于其他世界观和价值观的超越性和合法性来与思想互动，更强大的参与者的价值观往往变得更加占主导地位。这凸显了将三个因素视为相互联系和相互关联的重要性，它们之间的反馈循环相互影响并影响整个政策。

学科：我们提出了一个新的学科视角来研究政策过程。值得注意的是，我们的框架首先应被视为一种启发式方法，可以作为更完善的政策整合研究的起点。我们承认，我们已经触及了公共政策文献中广泛的概念和学术辩论，所有这些都值得并且已幸运地得到了更详细的阐述。本书的主要目标是将政策整合的零散描述综合到一个更完善的框架中。这不可避免地留下了有关政策概念的重要问题：本体论。例如关于如何研究政策一致性（"政策目标"部分）和执行一致性（"政策工具"）。我们希望本书能够推动解决政策整合文献中的此类未解决问题。此外，越来越多的问题被认为是综合的和跨领域的，本书的目标是将政策整合从环境领域中抽出来，并使之成为社会学中一般理论的主题。在追求公平、公正、公开的政策过程中，一体化是一个核心概念，要求考虑政策问题的所有方面，而不仅仅是政治方面，还包括社会环境、社会运行和政策之间的关系网，以确保长期、一致的发展。政策-社会系统的运作消解和模糊了政治和制度的界限，创造或强化了人、环境媒介、社会和经济问题以及政策之间多重和多层次的相互依存关系，并改变了问题得以有效解决的时空尺度。国家和地方政府很少能够单独解决这些问题并在合理的时间范围内提供有效的应对措施。此外，国际政策和超国家组织的成员资格迫使政府向外部世界展示连贯的政策图景。以国家为中心的分层治理模式正在被多层次的治理形式所取代，其中决策权和影响力在社会多个层次上共享。政策社会学的解决方案是在由正式和非正式行为者、程序和工具组成的多中心、高度复杂和相互依存的网络背景下设计和实施的，相应地增加了协调、发展横向合作结构以及参与性和联合开发与利用公共资源的学科需要。

理论：本书的一个重要目的就是概述政策社会学的主要理论与体系，并探讨在解释政策过程时如何结合理论的见解。我们可以关注个别政策制定者，检查他们如何分析和理解政策问题。我们可以考虑他们的信念以及他们对解决问题的特定想法和方法的接受程度。我们可以关注政策制定者遵循的制度和规则。我们可以识别影响政策制定方式的强大群体。我们可以关注社会经济背景，并考虑政府在制定政策时面临的压力。当代的观点试图通过关注一个因素或将对这些因素的理解结合到一个单一的理论中来解释政策决策。然而，公共政策中不存在单一的统一理论。相反，我们可以从一个理论那里获取见解，并将其与其他理论的见解进行比较。社会环境问题的复杂性对政策制定和管理的影响至关重要。政策通常在不同的空间/组织层面上具有不可预测的、不确定的、情境性的和偶然的影响，经常会在短期和长期内引起一些"意外"，或者被证明是不恰当的。有时，政策会跨越时间、空间和媒介来取代而不是改善问题。此外，垂直行政组织、条块化和机构碎片化也会阻碍政策体系有效应对政策外部性。因此，要引入政策社会学的理论视角来应对当代政策问题的复杂性。

（二）展望

公共政策是一套行动指南，它意味着以一个更广泛的框架来统筹哲学、原则、愿景、决定和任务，并将其转化为各种计划、项目和行动。政策需要对未来目标和行动进行广泛的陈述，来表达实现这些目标的方式方法，它是涵盖各种活动的政府干预框架。

愿景一：更好的政策制定。 从方法论上讲，社会科学不可能进行纯粹客观的定量研究，主观因素构成了社会研究不可或缺的维度之一。关于将社会科学知识应用于公共政策领域的问题，政策社会学的结论是，社会科学关注系统知识、结构化理性和有组织创造力，对更好的公共政策制定具有很大的贡献。社会建构和政策设计框架的重点是把握政策目标人群的态度如何影响所制定的政策类型。此外，政策社会学还关注相互影响——政策如何影响目标人群的看法，政策对象如何影响政策制定。

不确定性的概念在影响公共政策的不同学科中得到了广泛的解释和研究。这些学科包括自然科学、社会科学、数学科学、工程学、经济学、哲学和心理学等。因此，解决不确定性的理论基础、历史背景、相关性以及工具和方法通常植根于不同学科的特定论述中。从历史上看，研究政策制定中问题解决的政策学者通常从纯粹"客观"的意义上思考不确定性——问题的原因和解决方案是否存在"已知"或"未知"。制定有效应对不确定性的策略的一个主要挑战是用于对不同级别和类型的不确定性进行分类并评估其影响的各种方案和模型的不足。

同时，传统上，公共政策体现在立法机构在某个时间点颁布的一套静态规则和条例中。该政策将一直有效，直到将来在某个时间点（通常由不同的人）进行修改或更换为止。传统的政策分析主要比较静态均衡，并假设特征良好的系统能够从外部操纵。但对于大多数现实世界的政策问题来说，不平衡动态是关键，未来的不确定性是真实且根本的，政策制定者只有有限的主权。

尽管未来存在巨大的不确定性，但仍必须制定公共政策。当未来存在许多可能的场景时，很可能无法构建任何在所有场景中都表现良好的单一静态政策。然而，随着时间的推移，新信息很可能会解决政策制定者面临的不确定性。因此，政策应该是适应性的——针对最佳估计的未来而言，政策设计的目的不是最优的，而是在一系列可能的未来中保持稳健。即使是在未预料到的情况下，通过对相互依存的主观意识的分析和获得更全面、更现实的社会地图（一张能够为价值最大化的尝试提供理性指导的地图），政策社会学将紧迫的行动与为塑造未来做出重要承诺的行动以及为未来保留所需灵活性的行动结合起来。

政策背景是影响政策制定的关键因素。因为在一种背景下有效的政策可能在另一种背景下不起作用。政策通常必须是渐进的和适应性的，即使它们涉及根本性的变革。通过将当前问题置于更广泛的政策背景中，加深对当前问题的理解，与过去的情况进行比较，这可能会扩大要考虑的政策选择的范围，对过去政策选择的实际结果进行评估，对未来可能关注的问题进行预测。当有关国家过去本身的背景分析构成公众辩论问题的根源时，对政策制定产生直接影响。我们可以举一个所有国家都共有的例子，即选择性地纪念过去的事件，其选择和合法性往往取决于背景分析提供的基础。

面临当今许多最紧迫的社会挑战，包括粮食安全、气候变化、非法移民、能源危机、公共卫生等，人们普遍认为，政府部门的"孤岛化""条块化""碎片化"问题在新公共管理时代有所加剧。因此，政策一致性被广泛认为对于成功实施全球政策框架至关重要，许多人认为取向一致的宏观政策将帮助政府以更加透明和公平的方式实现政策目标。有些人将政策一致性定义为一个政治过程，有些人则强调社会结果的输出。当然，更多人强调一致性是一个过程和结果的综合。有效的政策一致性要求横向沟通、纵向协同，实质性和程序性的跨部门合作，共同责任和资源共享。这意味着宏观政策取向一致性的研究可以站在协同、合作、联合、统一等多个认识论和方法论的基础上，反映有关行动者对问题的共同看法和共同观点，或者采用全面的、跨学科的定义和理论，并以类似的方式定义和制定研究框架。

政策一致性可以理解为"就集体努力中每个参与组织的角色和责任达成一致"。政策整合问题的根源在于相同或不同政策背景下行为者价值体系的社会文化差异。如果行动者拥有共同的价值观、共同的愿景、共同的目标并遵守相同的规则，即使这些规则不同，那么政策之间的绩效也可以预期是令人满意的。当两项或多项政策的思想表现出共性时，这些政策很可能有共同的行动者，具有共同的利益和观点、既定的传统以及沟通和合作的渠道，以及对某种形式的真正兴趣。政策一致性还包括组织、结构、权威、财富和人员等管理资源，以直接影响"政策提供的商品和服务的性质、类型、数量和分配"。各项政策的组织和管理机构之间应存在横向联系，例如共同、一致、不冲突、合作和协调的结构和网络，以便妥善制定和实施共同政策的联合、合作和综合解决方案。

宏观政策的重中之重当然是从政府中心（政府首脑、政府首脑办公室）的角度关注政策的一致性。例如，负责发展政策的部长会议（英国、荷兰）或政府的议会（瑞典）都以政治承诺证明了合理性，并以概念和战略支撑了加强政策一致性的必要性和意愿。政府中心必须保持制定战略观点和选择的能力，并将其应用于长期决策。加强一致性的政治意愿在政府批准的详细战略文件中得到了概念上的合理性，并且就各个政策领域而言，以对不连贯性的分析和制定连贯政策的目标为支持。

另外，要求加强发展政策一致性的呼声通常是由负责发展政策的下级部门提出的，而其他部门和上级部门必须首先被说服，相信其一致性的优势。因此，必须从负责发展政策的部门的角度来思考政策一致性。下级部门不仅负责发展合作，还负责提高其他部门和上级部门对发展更加协调一致的政策的认识。对一致性而言，具有重要意义的政策（如制造业、房地产、教育、养老和科技政策）的正式责任主要由政府部门统筹。密集的部门间网络和主管官员层面对一致性问题的联合分析特别重要：它们为更高级别的政策的讨论和制定奠定了实质性的基础。

愿景二：更好的政策执行。在关于政策执行这一主题的学术研究中，人们经常断言，理解公共政策成功实施的因素与公共行政研究相关，但在一些重要方面又有所不同。在呼吁更好的政策过程理论之前和之后，多种理论和框架都为政策执行提供了重要的见解。

政策执行是为了达到特定的社会、经济或政治目标。政策执行是政策从制定到落地的关键环节。一个合理、高效的执行过程能够确保政策意图得以准确、及时地实现，从而达到政策制定的初衷和目标。通过深入研究政策执行程序，可以发现并突破执行过程中的瓶颈，优化不必要的环节，从而提高执行效率。同时，明确的政策执行程序也有助于减少执行过程中的误解和偏差，提升政策执行的效果。公开、透明的政策执行有助于公众了解政策的具体实施过程，增强政策的公信力。通过对政策执行过程的研究和总结，可以为未来类似政策的制定和执行提供宝贵的经验借鉴。这有助于提升政府机构的政策制定和执行能力，更好地服务于公众利益。明确的政策执行程序为政策监督和效果评估提供了基准。通过对照执行程序，可以系统地评估政策执行的质量和进度，及时发现问题并进行纠正，确保政策方向正确，达到预期的社会效应。研究政策执行因素不仅关乎政策本身的成败，而且是提升政府治理能力、促进社会发展的关键所在。

政策执行的问题之一是缺乏正确的实施方向或指导方针。显然，这样的方向应该源自它所遵循的理论。不幸的是，学者们有一个共识，即政策执行学科缺乏可行的、有效的、普遍接受的宏大完善的理论。在政策执行过程中，或许并不存在像马克思、韦伯、迪尔凯姆的经济社会理论或其他类似理论那样成熟的理论，这是因为政策执行作为一门学科仍处于起步阶段。多年来，在更广泛的公共管理领域，执行也被严重忽视，极大限制了该学科的理论发展。为此，政策执行的研究者进行了一代又一代的探索，力争阐明围绕政策执行的理论问题，并与执行失败建立理论联系，以增强我们对这一学科的理解。

政策执行需要适当的"因果理论"。好的政策应该具有理论有效性，并且必须建立在适当的理论基础上。如果没有适当的理论有效性，一项政策就会在各个方面给出错误的执行措施。执行理论的研究认为，关键决策者必须将拟议的政策视为合法；政策必须有明确、具体、可衡量、可实现、合理和有时限（SMART 原则）的目的和目标。执行理论的根本问题是它以政策预知为前提，即预见未来突发事件的能力（如果有的话那就太好了，但现在还是比较缺乏的）。执行理论必须被视为一个持续的过程，随着实施挑战的展开而灵活调整。通过持续合作，通过相互学习和实践实验的过程，确保政策执行灵活适应当地条件和新出现的限制。

各种经济社会背景因素可能会破坏理想的政策实践，并且考虑到执行领域的复杂性质，受控实验不太可能代表现实世界的实施场景。因此，通过隔离特定变量来更好地了解政策执行的尝试尚未取得成功。政策执行学者对政策如何实施提出了许多解释，重点关注：社会问题的性质、政策的设计、政策必须运行的治理体系和组织安排，以及负责实施政策的人的意愿或能力。

政策社会学认为，通过假设执行对象理解政策制定者要求他们实施政策是不现实的，大多数传统理论未能考虑到人类意义建构的复杂性。因此，许多政策并没有按照其设计来实施或执行。当然，政策设计也可能结构不良，或者原始设计可能无法很好地传达给工作人员。但更多的学者证实，由于缺乏足够的资源、缺乏激励、缺乏称职的员工、实施者持消极态度、缺乏组织间沟通、缺乏专业和技术资源、缺乏对法定目标的官方承诺、缺乏授权和灵活性、缺乏足够的自主权、组织间存在冲突、政治经济和社会条件的影响、缺乏具体的技术知识、缺乏行政能力、街头官僚普遍存在利己目标，以及缺乏行政意愿、服务需求增加、不明确或相互冲突的目标期望、实现目标较为困难等因素，政策执行常常以失败告终。

自上而下的视角在执行模型中很重要，因为政策顶层设计和政策层级传达的方式对于政策实施具有至关重要的影响力。自下而上的视角也是核心，因为自由裁量权是政策执行过程中的基本构成要素，自由裁量权的行使反映了实施者为确保广泛的政策和绩效收益而调整政策以适应当地情况的努力。随着时间的推移，学者们开始认识到自上而下和自下而上方法互补的价值，并做出了将它们结合成综合解释方法的重大尝试。

模糊性冲突模型是自上而下和自下而上的实施学派的综合。政策的实施发生在两个层面上：在宏观实施层面，中心参与者制订政府计划；在微观实施层面，地方组织对宏观计划做出反应，制订自己的计划并实施。一般来说，有两个主要因素有助于解释实施各种政策的成功或失败：政策模糊程度和政策冲突程度。政策冲突程度基于对人类作为理性和自利行为者的理解，随着利益经常出现分歧，通常会引发冲突；而当相关政策的目标或手段不明确时，政策就会变得模糊。当冲突和模糊程度都较低时，政策执行是行政性的，并且如果资源可用的话将会成功。当冲突和模糊程度都很高时，政策执行就是象征性的，其成功将取决于统筹的决心和实力。当冲突程度较高且模糊程度较低时，执行就是政治性的，而权力是成功实施的主要决定因素。最后，当冲突程度较低且模糊程度较高时，政策执行将是实验性的，并且取决于上下执行的选择路径。

政府机构是一个两面性的组织，需要从两个方面看待。一方面是专业管理，另一方面是纪律管理。韦伯认为规则和自由裁量权之间的关系问题非常复杂，某些形式的自由裁量权是不可避免的。政策执行是将政策规划转化为具体行动的过程，旨在通过各种行政手段和措施，将政策意图转化为实际的社会效果。执行阶段涉及资源配置、组织协调、行动实施、问题应对等多个环节，是政策效果显现的直接操作阶段。有效的政策执行需要明确的执行计划、充足的资源支持、有力的组织保障、良好的沟通协调机制以及对执行过程中可能出现问题的预见性和应对能力。

政策执行能力是研究公共政策的最基本概念之一。几十年来，一个始终如一的主题是政策能力有时是不足的。政策执行能力可能随时间、背景、事件和部门的变化而变化。它也可能是多部门的，涉及整个政府。高水平的政策执行能力与优越的政策产出和结果有关，而执行能力不足被视为政策失败和次优结果的主要原因。另一个主题是，在某些地方和时期，执行能力有所下降，这意味着执行能力是可以变化，甚至可以是提高的。提升政策执行能力是增强政府整体效能的关键。它能提高政府应对复杂社会问题的能力，增强政府的公信力和民众的信任度。对能力差距的担忧引发了从业者和学者对政策能力的性质及其在当代的定义和构成的新兴趣。在全球化、数字化时代，政策环境日益复杂多变，研究政策执行能力可以帮助政府更好地应对新挑战，如技术变革、环境保护、社会治理等领域的政策实施问题。通过深入研究，可以识别政策执行过程中的障碍和瓶颈，提出改进措施，确保政策得到有效实施，从而更好地解决社会问题，实现政策预定的目标。

同时，政策社会学认为，确保政策执行的程序正当是维护政策合法性和公众信任的基础，它要求政策执行过程不仅要追求结果的正义，还要注重过程的公正、透明和参与性。政策执行的依据、过程、结果应公开透明，确保所有相关信息可获取，让公众、媒体和利益相关者能够监督政策执行的每一个环节。确保政策执行过程中不存在偏见和歧视，所有个体和组织受到平等对待。这意味着执行标准一致，不因个人背景、地位等因素而有所差异，同时保护弱势群体的权益，避免政策执行过程中的不公。

确保政策执行的结果正义，意味着政策实施后能够实现既定的社会目标，公平地惠及所有或目标群体，减少或改善不平等现象，促进社会整体福祉的提升。在政策设计和执行过程中，要充分考虑不同群体的利益，尤其是保护弱势群体和边缘化群体的利益，力求实现利益均衡，减少或避免政策执行带来的负面效应。对于政策执行过程中可能产生的不公或意外伤害，应设计补偿机制，对受影响群体进行合理补偿。同时，针对发现的问题及时采取矫正措施，确保正义得以恢复。

政策执行的奖惩措施是确保政策有效实施的重要手段，旨在通过正向激励和负向约束双重机制，推动政策目标顺利达成。奖惩标准和程序应公开透明，确保所有执行者都清楚什么样的行为会得到奖励，什么样的行为将受到惩罚。奖惩措施应基于客观标准和实际绩效来实施，避免主观判断，确保评价和处理过程的公正公平。奖惩措施应在行为发生后尽快实施，以增强即时反馈效应，提高政策执行的即时调整能力。奖惩力度应与行为的性质和影响相匹配，既要起到警示和激励作用，又不能过度，避免产生负面效果。奖惩机制应作为政策执行体系的一部分持续运行，定期评估并调整奖惩措施，确保其有效性。

愿景三：更好的政策评估。政策评估与政策执行是相辅相成的。有效的政策评估可以确保政策执行的合规和高效，而成功的政策执行是政策评估的目标和成果。两者之间的互动可以形成一个正向的反馈循环，不断优化政策过程，提高政策效果。因此，构建自主的政策评估体系具有深远的意义，它不仅服务于国家内部的政策制定和执行，也影响着国家在国际舞台上的形象和作用。政策社会学将反思政策评估的三个维度（概念、理论和实践）中的每一个维度的现状，以及它们可能的未来方向。

政策评估的概念在过去几十年中在全世界迅速传播，为评估的构思、实践和研究方式的进一步创新和理解提供了机会。20世纪90年代初，只有少数加入经济合作与发展组织（OECD）的国家使用政策评估，但到2008年，所有加入OECD的国家都已采用或正在采用政策评估。现在，几乎每个欧盟（EU）成员国都存在各种形式（RIA、SIA 和 IA）的政策评估系统（即通过指南、培训、质量控制等标准操作程序将概念制度化）。然而，政策评估概念的广泛传播掩盖了其实践方式的巨大多样性。不同国家的政策评估体系在设计、实施甚至目的上都有很大差异。此外，在一些地区或者行业，政策评估仅存在于纸面上，在实践中很少或执行得很差。

政策评估基于这样的信念：通过应用分析工具可以实现更"理性"的政策制定。将评估从项目和计划层面延伸到政策层面部分是为了通过将研究重点移至政策制定过程的上游来提高其有效性。尽管政策评估的"教科书"概念和日常实践都是基于传统的理性线性政策制定概念，但政策评估已成为后实证主义政策制定和评估概念重新出现的最新领域。

政策评估体系能够提供关于政策效果的实证数据和分析，帮助决策者了解政策的实际影响，识别潜在问题，从而做出更加科学、合理的决策。这有助于避免资源浪费，提高政策的有效性和效率。通过评估，可以更清晰地识别哪些领域需要更多投入，哪些项目可能需要调整或终止。这有助于优化资源配置，确保有限的资源被用于最能产生积极社会经济效益的领域。政策评估通过监督和检查政策执行过程中的各个环节，确保所有行动都符合政策文本和法律要求，防止出现执行偏差和职权滥用的情况。政策评估保证政策的合法性与贯彻实施，确保政策的制定和执行严格遵守法定的程序和原则，并对政策的执行过程进行检查、监督，以保证政策达到预期目标。这有助于维护政策的权威性和公信力。

事前评估对于提高决策的科学性、合理性和有效性具有重要意义。它可以帮助决策者全面了解项目或政策的各个方面，避免盲目决策和资源浪费。同时，事前评估还可以促进预算绩效管理的规范化、标准化和科学化，提高政府理财和公共服务水平。事中评估/中期评估/过程评估是在项目、计划或政策实施过程中进行的一种评估。其主要目的是监控项目进展，检查项目是否按计划执行，评估项目管理的有效性，以及识别任何偏离原定目标的情况。事中评估可以帮助决策者及时发现问题、调整策略、优化资源配置，从而降低风险、提高效益。事后评估/后期评估/终期评估是在项目、计划或政策完成后进行的一种评估。其主要目的是衡量项目在实现其目标和预期结果方面的成功程度，同时也为了总结经验教训，为未来的项目提供参考和指导。同时，事后评估还可以促进组织学习和持续改进，提高整体绩效和竞争力。

　　政策社会学认为提高政策评估水平是确保政策有效实施、维护市场秩序、保护公共利益和促进经济社会健康发展的重要途径。确立清晰的评估目标，明确要解决的问题和期望达到的效果。遵循公平、透明、可预测和一致性的原则，确保评估的公正性和有效性。提升评估人员的专业素养和技能，通过培训和教育不断更新知识储备。投入更多资源于监管技术和设备的更新升级，利用现代科技手段提高评估效率。探索使用大数据、人工智能等先进技术进行智能监管，提高评估效率和准确性。建立健全相关法规体系，为评估提供法律保障。定期评估和修订监管政策，确保其适应经济社会发展的需要。建立跨部门的信息共享机制，打破信息孤岛，提高评估的及时性和准确性。加强不同部门之间的协作，形成合力，共同应对复杂的市场环境。鼓励公众参与政策评估过程，提供举报渠道，增强社会监督的力量。定期公开政策评估信息和数据，提高透明度，增强公众信任。实施风险导向的监管策略，重点关注高风险领域和环节。建立严格的责任追究机制，对政策监管失职或不当行为进行严厉追责，确保政策监管人员履行职责。设立有效的申诉和救济机制，保护政策评估对象的合法权益。学习借鉴国际先进的评估经验和做法，不断提升政策评估水平。积极参与国际评估合作，共同应对跨国性政策问题和挑战。

结语：对公共政策的研究具有挑战性，主题非常复杂，导致政策结果变化的社会原因太多，无法像我们希望的那样可预测。本书简要概述了政策社会学扩展政策研究框架的一些工作。虽然本书的广度与深度不够，但其目标是清晰明确的，着重关注政策学与社会学的交叉应用。政策社会学的研究已经取得了很大的进展，但挑战与机遇仍然并存，有待全球关心政策的学者们共同研究。

参考文献

彼得·德利翁，E.萨姆·奥弗曼，2006. 政策科学史，杰克·雷斌主编，张梦中等译，公共管理学手册（第2版）[M]. 广州：中山大学出版社.

陈朝宗，2010. 关于我国制度政治学研究的思考 [J]. 福建行政学院学报（1）：55-59.

陈家建，边慧敏，邓湘树，2013. 科层结构与政策执行 [J]. 社会学研究（6）：1-20+242.

陈涛，1999. 社会政策学："政策科学"之外的一种选择 [J]. 中国行政管理（12）：57-60.

陈振明，1997. 政策科学的"研究纲领" [J]. 中国社会科学（4）：48-61.

陈志光，李兵，2022. 政策社会学的概念、框架与发展 [J]. 社会政策研究（1）：52-64.

程倩，2019. 公共行政行动主义的知识论考察 [J]. 学海（3）：132-138.

邓伟志，2009. 社会学辞典 [M]. 上海：上海辞书出版社.

邓伟志主编，2009. 社会学辞典 [M]. 上海辞书出版社：26、61.

董才生，邬全俊，2015. 论当代西方社会政策学研究的特点［J］. 理论与改革（5）：189-192.

董海军，刘海云，2022. 公平与效率：我国教育发展的阶段性演进（1949—2022）［J］. 社会科学辑刊（4）：48-58.

杜玉华，2013. 社会结构：一个概念的再考评［J］. 社会科学（8）：90-98.

房莉杰，2019. 平等与繁荣能否共存——从福利国家变迁看社会政策的工具性作用［J］. 社会学研究，34（5）：94-115+244.

冯仕政，2019. 学科生态、学科链与新时代社会政策学科建设［J］. 社会学研究 34（4）：20-30+242.

龚维斌，2019. 我国社会结构：变化、特点及风险［J］. 中国特色社会主义研究（4）：69-77.

关信平，2017. 当前我国社会政策的目标及总体福利水平分析［J］. 中国社会科学（6）：91-101.

郭瑜，2016. 社会政策学科解析：经济学、政治学和社会学的维度与视角［J］. 社会建设，3（1）：71-78.

何鉴孜，李亚，2014. 政策科学的"二次革命"——后实证主义政策分析的兴起与发展［J］. 中国行政管理（2）：95-101+121.

贺东航，孔繁斌，2011. 公共政策执行的中国经验［J］. 中国社会科学（5）：61-79+220-221.

贺东航，孔繁斌，2019. 中国公共政策执行中的政治势能——基于近 20 年农村林改政策的分析［J］．中国社会科学（4）：4-25+204．

洪镰德，1998．社会学说与政治理论：当代尖端思想之介绍［M］．台北：扬智文化事业公司．

胡象明，2017．中国传统政策文化及其对政策科学本土化的价值［J］．中国行政管理（2）：12-16．

黄晨熹，2008．社会政策概念辨析［J］．社会学研究（4）：163-181+244-245．

黄冬娅，2020．压力传递与政策执行波动——以 A 省 X 产业政策执行为例［J］．政治学研究（6）：104-116+128．

黄光秋，黄光顺，2017．论历史唯物主义的"社会结构"思想［J］．湖北社会科学（3）：12-19．

吉登斯，1998．社会的构成［M］．李康，李猛译，北京：三联书店．

蒋晓平，2014．实践理性：新制度主义视阈中的制度-行动关系［J］．中共杭州市委党校学报（2）：60-66．

杰克·雷斌主编，2006．公共管理学手册（第 2 版）［M］．张梦中等译，广州：中山大学出版社．

杰西·洛佩兹，约翰·斯科特，2007．社会结构［M］．允春喜译，吉林：吉林人民出版社．

金渊明，2017．韩国社会福利国家的未来：自由主义+南欧福利体制？［J］．社会保障评论（2）：113-124．

康宁，张其龙，苏慧斌，2016．"985 工程"转型与"双一流方案"诞生的历史逻辑［J］．清华大学教育研究，37（5）：11-19．

柯武刚，史漫飞，2000.制度经济学：社会秩序与公共政策［M］.韩朝华译，商务印书馆．

科尔奈，2003.后社会主义转轨的思索［M］.吉林人民出版社．

雷望红，2017.论精准扶贫政策的不精准执行［J］.西北农林科技大学学报（社会科学版），17（1）：1-8.

李兵，2021.政策科学：70年关键成果整合和新方向探察［J］.山东行政学院学报（1）：68-77.

李秉勤，2000.英国社会政策的研究、教学及其对中国的借鉴意义［J］.社会学研究（4）：63-71.

李国强，徐湘林．2008.新制度主义与中国政治学研究［J］.四川大学学报（哲学社会科学版），（2）：113-118.

李宏，闫坤如，2019.新中国成立70年城镇住房制度的嬗变与启示［J］.广西社会科学（8）：57-62.

李亚，贾鑫，王倪，2014.诠释取向的叙事政策分析：回顾、反思与重构［J］.学习论坛（2）：74-82.

李强，2019.推进社会学的"社会政策学科"建设［J］.社会学研究 34（4）：1-9+241.

李实，2021.共同富裕的目标和实现路径选择［J］.经济研究（11）：4-13.

李亚，尹旭，何鉴孜，2015.政策话语分析：如何成为一种方法论［J］.公共行政评论（5）：55-73+187-188.

李允杰，丘昌泰，2008.政策执行与评估［M］.北京：北京大学出版社．

李文钊, 2017. 叙事式政策框架: 探究政策过程中的叙事效应 [J]. 公共行政评论 (3): 141-163+216-217.

李志军, 李逸飞, 王群光, 2020. 日本、韩国、南非政策评估的经验、做法及启示 [J]. 财经智库, 5 (6): 92-102+142-143.

林卡, 张佳华, 2011. 北欧国家社会政策的演变及其对中国社会建设的启示 [J]. 经济社会体制比较 (3): 29-40.

林闽钢, 2019. 如何理解积极社会政策的当代价值 [J]. 社会政策研究 (2): 3-6.

刘博, 2010. 韦伯、帕森斯、吉登斯社会行动理论之比较 [J]. 社科纵横 (新理论版) (4): 145-146.

刘培林, 钱滔, 黄先海, 董雪兵, 2021. 共同富裕的内涵、实现路径与测度方法 [J]. 管理世界 (8): 117-129.

刘子曦, 2018. 故事与讲故事: 叙事社会学何以可能——兼谈如何讲述中国故事 [J]. 社会学研究 (2): 164-188+245.

卢周来, 2009. 新制度经济学, 新政治经济学, 还是社会经济学?——兼谈中国新制度经济学未来的发展 [J]. 管理世界 (3): 159-165.

陆学艺, 2010. 当代中国社会结构与社会建设 [J]. 北京工业大学学报 (社会科学版) (6): 1-6+16.

陆学艺, 2018. 当代中国社会结构 [M]. 北京: 社会科学文献出版社.

吕炳强, 2000. 凝视与社会行动 [J]. 社会学研究 (3): 1-15+17-25+16.

吕朝华, 2019. 社会政策范式变迁及其对完善我国社会政策的启示［J］.社会建设 6（4）：51-61.

马克斯·韦伯，1997.经济与社会（上册）［M］.林荣远译，北京：商务印书馆.

马雪松，周云逸，2011.社会学制度主义的发生路径、内在逻辑及意义评析［J］.南京师大学报（社会科学版）（3）：61-65.

迈克尔·希尔，2005.理解社会政策［M］.刘升华译，李秉勤校，北京：商务印书馆.

迈克尔·豪利特，M·拉米什，2006．公共政策研究——政策循环与政策子系统［M］.庞诗等译，尹弘毅，庞诗校，北京：生活·读书·新知三联书店出版社．

麦可·布洛维，郑翔，2007.公共社会学［J］.社会（1）：192-200.

毛丹，2017.多重制度逻辑冲突下的教育政策制定过程研究——以美国伊利诺伊州高等教育绩效拨款政策制定过程为例［J］.教育发展研究，37（7）：31-37.

斯梅尔瑟，斯威德伯格，2009.经济社会学手册［M］.罗教讲、张永宏等译，北京：华夏出版社．

帕森斯，2003.社会行动的结构［M］.张明德译，上海：译林出版社．

逢先知，2009.新中国第一部宪法是怎样诞生的［J］.党的文献，6：116-117.

彭国胜，2012.马克思、帕森斯与吉登斯社会结构理论之比较［J］.理论导刊（9）：95-99.

乔纳森·特纳，2001.社会学理论的结构［M］.邱泽奇译，北京：

华夏出版社.

秦宣, 2013. 中国特色社会主义制度的多层次解读 [J]. 教学与研究 (1): 14-21.

任洪生, 2022. 共商共建与全球共享的发展 [N]. 光明日报, 1-15 (8).

任鹏, 2020. 中国共产党新时代政策执行的实践逻辑 [J]. 马克思主义研究 (11): 108-119.

萨巴蒂尔, 2004. 政策过程理论 [M]. 彭宗超译, 北京: 生活·读书·新知三联书店出版社.

《社会政策概论》编写组, 2021. 社会政策概论 [M]. 高等教育出版社.

石凯, 胡伟, 2006. 新制度主义"新"在哪里 [J]. 教学与研究 (5): 65-69.

宋士云, 2009. 新中国城镇住房保障制度改革的历史考察 [J]. 中共党史研究 (10): 102-110.

宋义明, 张娟, 2009. 论中国共产党的社会政策 [J]. 胜利油田党校学报, 22 (4): 67-70.

覃国慈, 2014. 社会冲突理论视角下的医患关系研究 [J]. 江汉论坛 (3): 140-144.

谭培文, 汤志华, 2019. 两种制度价值的马克思主义方法论评析 [J]. 中国社会科学评价 (2): 74-88+143.

汤丁, 2019. 以政府为主体的政策评估的质量效益研究 [J]. 宏观经济管理 (8): 32-38.

唐钧，2009. 社会政策学导引［J］. 社会科学（4）：71-79.

斯图亚特·S·那格尔，1990. 政策研究百科全书［C］. 林明等译，北京：科学技术文献出版社.

汪朗峰，伏玉林，2013. 基于组织结构的公共部门组织变革研究［J］. 管理科学学报（4）：83-94.

汪霞，2016. 破解公共政策执行中"关系强嵌入"迷局［J］. 湖北大学学报（哲学社会科学版）（5）：127-132。

王海平，2017. 教育政策的嵌入性——教育政策社会学基本理论分析方式的历史考察［J］. 教育学报，13（4）：63-70.

王诗宗，杨帆，2018. 基层政策执行中的调适性社会动员：行政控制与多元参与［J］. 中国社会科学（11）：135-155+205-206.

王思斌，2019. 我国社会政策的"自性"特征与发展［J］. 社会学研究 34（4）：10-19+241.

王思斌，2021. 社会学教程．［M］. 北京：北京大学出版社.

王小兰，2021. 政策过程中的制度约束：文献回顾与展望［J］. 社会政策研究（3）：122-136.

王瑞雪，2013. 土地换保障制度的逻辑困境与出路［J］. 中国土地科学（6）：42-47.

王雍君，2022. 财政本质的社会交换过程理论：层级界定与互惠性建构［J］. 财政研究（1）：60-78.

吴松江，刘锋，米正华，2017. 社会治理组织结构创新：网络化、互动化与弹性化［J］. 江西社会科学（4）：214-220.

谢明，2018. 公共政策导论（第四版）［M］. 北京：中国人民大学出版社.

熊跃根, 2020. 马克斯·韦伯的政治理念与变革时代的社会政策: 对理解当代中国的启示 [J]. 社会学评论, 8 (1): 51-71.

燕继荣, 2020. 反贫困与国家治理——中国"脱贫攻坚"的创新意义 [J]. 管理世界 (4): 209-220.

燕继荣, 2020. 制度、政策与效能: 国家治理探源——兼论中国制度优势及效能转化 [J]. 政治学研究 (2): 2-13+124.

杨团, 2000. 社会政策的理论与思索 [J]. 社会学研究 (4): 16-26.

杨团, 2002. 社会政策研究范式的演化及其启示 [J]. 中国社会科学 (4): 127-139+206.

叶海卡·德洛尔, 1996. 逆境中的政策制定 [M]. 上海: 上海远东出版社.

余晖, 谢少华, 刘福才, 2021. 解构教育政策: 批判理论与政策社会学研究 [J]. 外国教育研究, 48 (8): 56-71.

俞明轩, 谷雨佳, 李睿哲, 2021. 党的以人民为中心的土地政策: 百年沿革与发展 [J]. 管理世界, 37 (4): 24-35.

郁建兴, 任杰, 2021. 共同富裕的理论内涵与政策议程 [J]. 政治学研究 (3): 13-25+159-160.

岳海湧, 2010. 新制度主义政治学发展趋势跟踪研究 [J]. 兰州交通大学学报, 29 (2): 1-7.

臧雷振, 陈诺, 2021. 社会政策学科发展: 国际进展及中国前瞻 [J]. 社会工作与管理, 21 (2): 85-94.

曾荣光，2007. 教育政策研究：议论批判的视域［J］. 北京大学教育评论（4）：2-30.

张富文，2022. 新时代脱贫攻坚的人民共享原则［J］. 中共福建省委党校（福建行政学院）学报（4）：29-37.

张广利，王登峰，2010. 社会行动：韦伯和吉登斯行动理论之比较［J］. 学术交流（7）：135-139.

张桂琳，2002. 新制度政治学：研究范式的复归或更新？［J］. 首都师范大学学报（社会科学版），2（3）：51-56.

张国英，吴少龙，2015. 基本医疗保险重复参保：碎片化、理性选择与官僚行政——基于CLDS数据的实证研究［J］. 甘肃行政学院学报（3）：81-88+128.

张佳华，2013."北欧模式"理念的建构、扩展与变迁——一项社会政策的考察［J］. 欧洲研究，31（2）：105-119+1.

张来明，李建伟，2021. 促进共同富裕的内涵、战略目标与政策措施［J］. 改革（9）：16-33.

张丽萍，王广州，2022. 中国家庭结构变化及存在问题研究［J］. 社会发展研究，9（2）：17-32+242.

张敏，2010. 拉斯韦尔的路线：政策科学传统及其历史演进评述［J］. 政治学研究（3）：113-125.

张明波，2013. 试谈费孝通理解社会学思想［J］. 前沿（24）：53-55.

郑杭生，李路路，2005. 社会结构与社会和谐［J］. 中国人民大学学报（2）：2-8.

郑杭生, 2013. 社会学概论新修（第四版）[M]. 北京：中国人民大学出版社.

郑雄飞, 2010. 破解"土地换保障"的困境——基于"资源"视角的社会伦理学分析 [J]. 社会学研究（6）：1-24+242.

中共中央马克思恩格斯列宁斯大林著作编译局编译, 1995.《马克思恩格斯选集》[M]. 人民出版社：467.

周超, 2005. 当代西方政策科学方法论的范式转向 [J]. 武汉大学学报（哲学社会科学版）（4）：529-534.

周健, 2006. 试论新制度主义对公共政策研究视角的影响 [J]. 重庆社会科学（4）：100-103.

周怡, 2000. 社会结构：由"形构"到"解构"——结构功能主义、结构主义和后结构主义理论之走向 [J]. 社会学研究（3）：55-66.

朱春奎, 李玮, 2020. 叙事政策框架研究进展与展望 [J]. 行政论坛（2）：67-74.

朱国斌, 1988. 论政策研究与政策科学 [J]. 管理世界（3）：197-205+226.

朱玉知, 2012. 内嵌于社会关系网络中的政策执行——对"政策执行悖论"的一种理论阐释 [J]. 学习与探索（8）：47-50.

祝大勇, 2022. 中国特色社会主义制度价值的国际认知及传播策略探讨 [J]. 社会主义核心价值观研究, 8（1）：89-96.

Anderson J E, 2003. Public Policymaking (Fifth Edition) [M]. Boston: Houghton Mifl in Company: 2.

Ansell C, Sørensen E, Torfing J, 2017. Improving Policy Implementation through Collaborative Policymaking [J]. Policy & Politics, 45 (3): 467-486.

Arena John, 2010. The Contested Terrains of Public Sociology: Theoretical and Practical Lessons from the Movement to Defend Public Housing in Pre-and Post-Katrina New Orleans [J]. Societies Without Borders, 5 (2): 103-125.

Bachrach P, Baratz M S, 1963. Decisions and Nondecisions: An Analytical Framework [J]. American Political Science Review, 57 (3): 632-642.

Ball S J, 1990. Politics and Policy-Making in Education: Explorations in Policy Sociology [M]. London and New York: Routledge.

Bernstein L, 1976. The Unanswered Question: Six Talks at Harvard (Vol. 33) [M]. Harvard University Press.

Béland D, 2009. Ideas, Institutions, and Policy Change [J]. Journal of European Public Policy, 16: 701-718.

Blau P M, 1960. A Theory of Social Integration [J]. American Journal of Sociology, 65: 545-56.

Blau P M, 1968. International Encyclopedia of the Social Sciences [M]. New York: MacMillan.

Blau P M, 1968. Social Exchange. In D. L. Sills (Ed.), International Encyclopedia of the Social Sciences [M]. New York: MacMillan.

Blunkett D, 2000. Influence or Irrelevance: Can Social Research Improve Government? [J]. Discover Our Archives, 71: 12-21.

Bogdan R, Taylor S J, 1975. Introduction to Qualitative Research Methods: A Phenomenological Approach to the Social Sciences [M]. New York: Wiley.

Bornmann L, 2013. What Is Societal Impact of Research and How Can It be Assessed? A Literature Survey [J]. Journal of the American Society for Information Science and Technology, 64 (2): 217-233.

Boswell C, Smith K, 2017. Rethinking Policy "Impact": Four Models of Research-policy Relations [J]. Palgrave Communications, 3 (1): 1-10.

Boswell C, Smith K, 2018. Rethinking Policy "Impact": Four Models of Research Policy Relations [M]. Palgrave Communications.

Brady David, 2004. Why Public Sociology May Fail [J]. Social Forces, 82 (4): 1629-1638.

Braithwaite V, 1995. Games of Engagement: Postures within the Regulatory Community [J]. Law and Policy, 17 (3): 225-55

Brewer G D, 1974. The Policy Sciences Emerge: To Nurture and Structure a Discipline [J]. Policy Sciences (3): 239-244.

Brewer J, 2011. Viewpoint-From Public Impact to Public Value [J]. Methodol Innovations Online, 6: 9-12.

Browne A, and Wildavsky A, 1984. "What Should Evaluation Mean to Implementation," and "Implementation as Mutual Adaptation," chaps. 9 and 10. In Jeffrey Pressman and Aaron Wildavsky, Implementation, 3rd ed. [M]. Berkeley: University of California Press.

Bulmer, 1984. The Chicago School of Sociology: Institutionalization, Diversity and The Rise of Sociological Research [M]. Chicago: University of Chicago Press.

Cabinet Office, 1999. Modernising Government (White Paper) [R]. The Stationary Office, London.

Cabinet Office, 2000. Wiring It up: Whitehall's Management of Cross-cutting Policies and Services: A Performance and Innovation Unit Report [R]. Cabinet Office, London.

Calista D, 1994. Policy Implementation. In Nagel, S. (ed.) Encyclopaedia of Policy Studies [M]. New York: Marcel Dekker.

Canadian Academy of Health Sciences (CAHS), 2009. Making an Impact: A Preferred Framework and Indicators to Measure Returns on Investment in Health Research. CAHS, Ottawa, Ontario.

Chubb J, Watermeyer R, 2016. Artifice or Integrity in the Marketization of Research Impact? Investigating the Moral Economy of (pathways to) Impact Statements within Research Funding Proposals in the UK and Australia, Studies in Higher Education Advance Online Access: https://doi.org/10.1080/03075079.

Clarke S, 2010. Pure Science with a Practical Aim: the Meanings of Fundamental Research in Britain, Circa 1916-1950 [J]. Isis 101: 285-311.

Clough P T, Halley J (Eds.) 2007. The Affective Turn: Theorising the Social [M]. Duke University Press.

Cohen P, 2019. Public Engagement and the Influence Imperative [J]. Contemporary Sociology, 2 (48): 119-121.

Cronbach L J, 1982. In Praise of Uncertainty [J]. New Directions for Program Evaluation, 15: 49-58.

Cunningham G, 1963. Policy and Practice [M]. Public Administration.

Daniel Lerner and Harold D. Laswell, 1951. The Policy Sciences: Recent Development in Scope and Method [M]. Stanford, CA: Stanford University Press: 58-79.

Dean H, 2019. Social policy [M]. John Wiley & Sons.

DeLeon P, 1997. Democracy and the Policy Sciences [M]. Albany, N. Y.: SUNY Press.

DeLeon P, DeLeon L, 2002. What ever Happened to Policy Implementation? An Alternative Approach [J]. Journal of Public Administration Research and Theory, 12 (4): 467-492.

De Swaan A, 1988. In Care of the State [M]. Cambridge: Polity.

Dobbin F, 1994. Forging Industrial Policy: The United States, Britain, and France in the Railway Age [M]. Cambridge University Press.

Donovan C, 2008. The Australian Research Quality Framework: A Live Experiment in Capturing the Social, Economic, Environmental and Cultural Returns of Publicly Funded Research [J].

New Directions for Evaluation, 118: 47-60.

Dror Y, 1967. Policy Analysts: A New Professional Role in Government Service [J]. Public Administration Review, 27 (3), 197-203.

Drzek J S, 1999. Discursive Democracy [M]. New York: Oxford University Press.

Dryzek J S, and Torgerson D, 1993. Democracy and the Policy Sciences [J]. Policy Sciences, 26 (32): 127-38.

Dye T, 1992. Understanding Public Policy (7th ed) [M]. Englewood Cliffs, NJ: Prentice-Hall.

Easton D, 1953. The Political System: An Inquiryinto the State of Political Change [M]. New York: Alfred A. Knopf.

Einstein, A. to R. A. Thornton, 1944. unpublished letter dated 7 December EA 61-574, Einstein Archive, Hebrew University, Jerusalem.

Elmore R F, 1978. Organizational Models of Social Program Implementation [J]. Public Policy, 26 (2): 185-228.

Emerson R M, 1976. Social Exchange Theory [J]. Annual Review of Sociology, (2): 335-362.

Esping-Andersen G, 1990. The Three Worlds of Welfare Capitalism [M]. Princeton University Press.

Finkelstein Marv, 2009. Toward Teaching a Liberating Sociological Practicality Challenges for Teaching, Learning and Practice [J].

Teaching Sociology, 37 (1): 89-102.

Fischer F, 1995. Evaluating Public Policy [M]. Chicago: Nelson-Hall.

Giddens A, 1984. The Constitution of Society: Outline of the Theory of Structuration [M]. Oxford: Policy Press.

Giddens A, 2006. Positive Welfare [J]. The Welfare State Reader: 478-488.

Goraya A, Scambler G, 1998. From Old to New Public Health: Role Tensions and Contradictions [J]. Critical Public Health, 8 (2): 141-151.

Gouldner A W, 1960. The Norm of Reciprocity: A Preliminary Statement [J]. American Sociological Review, 25: 161-178.

Graizbord D, 2019. Toward an Organic Policy Sociology [J]. Sociology Compass 13 (11): e12735.

Granovetter M, 1985. Economic Action and Social Structure: The Problem of Embeddedness [J]. American Journal of Sociology, 91 (3): 481-510.

Granovetter M, 1985. Economic Action and Social Structure: The Problem of Embeddedness [M]. The Sociology of Economic Life. Routledge: 22-45.

Grant J, Brutscher P B, Kirk S E, Butler L, Wooding S, 2010. Capturing Research Impacts: A Review of International Practice. Documented Briefing [R]. Rand Corporation.

Grek S, 2009. Governing by Numbers: The PISA "effect" in Europe

［J］. Journal of Education Policy, 24（1）, 23-37.

Habermas J, 1977. A Review of Gadame/r's Truth and Method, in Fred R. Dallmayr and Thomas McCarthy（eds.）, Understanding and Social Inquiry. Notre Dame: University of Notre Dame Press: 335-363.

Hall P A, 1993. Policy Paradigms, Social Learning, and the State: The Case of Economic Policymaking in Britain［J］. Comparative Politics, 25（3）: 275-296.

Hampton G, 2004. Enhancing Public Participation through Narrative Analysis［J］. Policy Sciences, 37（3）: 261-276.

Hampton G, 2009. Narrative Policy Analysis and the Integration of Public Involvement in Decision Making［J］. Policy Sciences, 42: 227-242.

Head B W, 2016. Toward more "Evidence-informed" Policy Making?［J］. Public Administration Review, 76（3）: 472-484.

Healy K, 2017. Public Sociology in the Age of Social Media［J］. Perspectives on Politics, 15（3）, 771-780.

Helmes-Hayes R, 2014. Coral W. Topping, Pioneer Canadian Public Sociologist［J］. The Public Sociology Debate: Ethics and Engagement: 175.

Henry G T, 2002. Choosing Criteria to Judge Program Success: A Values Inquiry［J］. Evaluation, 8（2）: 182-204.

Hill M, Hupe P, 2002. Implementing Public Policy: Governance in

Theory and in Practice［M］. Sage.

Hird J A, 2005. Policy Analysis for What? The Effectiveness of Nonpartisan Policy Research Organizations［J］. Policy Studies Journal, 33: 83-105.

Hogwood B, Peters G, 1985. The Pathology of Policy［M］. Oxford: Oxford University Press.

Hogwood B W, Gunn L, 1984. Policy Analysis for the Real World［M］. Oxford: Oxford University Press.

Homans G C, 1958. Social Behavior as Exchange［J］. American Journal of Sociology, 63: 597-606.

Homans G C, 1961. Social Behavior: Its Elementary Forms［M］. New York: Harcourt Brace.

Ingram H, Schneider A, 1990. Improving Implementation through Framing Smarterstatutes［J］. Journal of Public Policy, 10 (1): 67-88.

Janowitz M, 1969. Sociological Models and Social Policy［J］. Archives for Philosophy of Law and Social Philosophy, 55 (3): 305-321.

Janowitz M, 1976. Social Control of the Welfare State［M］. New York: Elsevier.

Jenkins W I, 1978. Policy Analysis: A Political and Organisational Perspective［M］. London: Martin Robertson.

Jenkins W I, 1978. Policy Analysis［M］. London: Martin Robertson.

Jones M D, 2018. Advancing the Narrative Policy Framework? The Musings of a Potentially Unreliable Narrator [J]. Policy Studies Journal, 46 (4): 724-746.

Jones M D, McBeth M K, 2010. A Narrative Policy Framework: Clear Enough to be Wrong? [J]. Policy Studies Journal, 38 (2): 329-353.

Jones M D, Radaelli C M, 2015. The Narrative Policy Framework: Child or Monster? [J]. Critical Policy Studies, 9 (3): 339-355.

Kaplan T J, 1986. The Narrative Structure of Policy Analysis [J]. Journal of Policy Analysis and Management, 5 (4): 761-778.

Kaufmann F X, 2013. The Idea of Social Policy in Western Societies: Origins and Diversity [J]. International Journal of Social Quality, 3 (2): 16-27.

Korpi W, 1985. Power Resources Approach vs. Action and Conflict: On Causal and Intentional Explanations in the Study of Power [J]. Sociological Theory, 3 (2): 31-45.

Labour Party, 1997. New Labour Because Britain Deserves Better: The Labour Party Manifesto. Labour Party, London.

Lasswell H D, 1958. Clarifying Value Judgment: Principles of Content and Procedure [J]. Inquiry, 1 (1-4): 87-98.

Lasswell H D, 1970. The Emerging Conception of Policy Sciences' Policy [J]. Policy Sciences, 1: 3-14.

Lasswell, H D, 1977. Psychopathology and Politics [M]. Chicago:

University of Chicago Press.

Lasswell H D, Kaplan A, 1950. Power and Society: A Framework fore Political Inquiry [M]. New Haven, Conn: Yale University Press: 71.

Lasswell H D, Kaplan A, 1963. Power and Society [M]. N. Y.: McGraw-Hill Book Co: 70.

Lester J P, Goggin M L, 1998. Back to the Future: The Rediscovery of Implementation Studies [J]. Policy Currents, 8 (3), 1-9.

Lewis S, Sellar S, Lingard B, 2016. "PISA for Schools": Topological Rationality and New Spaces of the OECD's Global Educational Governance [J]. Comparative Education Review, 60 (1): 27-57.

Linder S H, Peters B G, 1987. A Design Perspective on Policy Implementation: The Fallacies of Misplaced Prescription [J]. Review of Policy Research, 6 (3): 459-475.

Lipsky M, 1980. Street-level Bureaucracy: Dilemmas of the Individual in Public Services [M]. New York: Russell Sage Foundation.

Lubienski C, 2018. The Critical Challenge: Policy Networks and Market Models for Education [J]. Policy Futures in Education, 16 (2): 156-168.

Lundin M, 2007. Explaining Cooperation: How Resource Interdependence, Goal Congruence, and Trust Affect Joint Actions in Policy Implementation [J]. Journal of Public Administration Research and Theory, 17 (4): 651-672.

Lury C, Parisi L, Terranova T, 2012. Introduction: The Becoming Topological of Culture [J]. Theory, Culture & Society, 29 (4-5): 3-35.

Mack R, 1971. Planning and Uncertainty [M]. New York: John Wiley.

May P, 2012. Policy Design and Implementation [J]. The Sage Handbook of Public Administration: 279-291.

Mazmanian D A, and Sabaticr P A, 1983. Implementation and Public Policy [M]. Glenville, Ⅲ: Scott, Foresman.

McCall G, Weber G H, 1994. Policy Analysis across Academic Disciplines [J]. Encyclopedia of Policy Studies, 201-218.

McKenzie M, 2017. Affect Theory and Policy Mobility: Challenges and Possibilities for Critical Policy Research [J]. Critical Studies in Education, 58 (2): 187-204.

McPherson A, Raab C, 1988. Governing Education: A Sociology of Policy Since 1945 [M]. Edinburgh: Edinburgh University Press.

Midgley J O, 1995. Social Development: The Developmental Perspective in Social Welfare [J]. Social Development: 1-208.

Miller C R , 1984. Genre as Social Action [J]. Quarterly Journal of Speech, 70: 151-167.

Mostert S, Ellenbroek S, Meijer I, Van Ark G, Klasen E, 2010. Societal Output and Use of Research Performed by Health Research

Groups [J]. Health Research Policy and Systems, 8 (1): 30.

Moulton S, Sandfort J R, 2017. The Strategic Action Field Framework for Policy Implementation Research [J]. Policy Studies Journal, 45 (1): 144-169.

Nagel S S, 1990. Policy Theory and Policy Studies [J]. Policy Studies Journal, 18 (4).

Nakamura R T, Smallwood, F. 1980. The Politics of Policy Implementation [M]. New York: St. Martin's Press.

North D C, 1991. Institutions [J]. Journal of Economic Perspectives, 5 (1): 97-112.

O'Toole Jr L J, 2000. Research on Policy Implementation: Assessment and Prospects [J]. Journal of Public Administration Research and Theory, 10 (2): 263-288.

Ozga J, 1987. Studying Educational Policy through the Lives of Policy Makers: An Attempt to Close the Macro-micro Gap, in S. Walker and L. Barton (eds) Changing Policies, Changing Teachers, Milton Keynes [M]. Open University Press.

Ozga J, 2019. Problematising Policy: The Development of (critical) Policy Sociology [J]. Critical Studies in Education: 1-16.

Parsons T, 1951. Social System [M]. New York: Free Press.

Parsons W, 1995. Public Policy: An Introduction to the Theory and Practice of Policy Analysis [M]. Northampton, MA: Edward Elgar.

Peck J, Theodore N, 2010. Mobilising Policy: Models, Methods, and Mutations [J]. Geoforum, 41 (2): 169-174.

Pinker R, 1979. The Idea of Welfare [M]. London: Heinemann.

Porpora, Douglas V, 1989. Four Concepts of Social Structure [J]. Journal for the Theory of Social Behaviour, 19 (2): 195-211.

Porpora D V, 1989. Four Concepts of Social Structure [J]. Journal for the Theory of Social Behaviour, 19 (2): 195-211.

Pressman J L, and Wildavsky A, 1973. Implementation [M]. Berkeley, CA: University of California Press.

Pressman J L, Wildavsky A, 1984. Implementation (3rd ed. with new Foreword) [M]. Berkeley: University of California Press.

Prottas J M, 1979. People Processing: The Street-level Bureaucrat in Public Service Bureaucracies [M]. Great Source Education Group.

Raab C D, 1994. Theorising the Governance of Education [J]. British Journal of Educational Studies, 42 (1): 6-22.

Radaelli C M, 1995. The Role of Knowledge in the Policy Process [J]. Journal of European Public Policy, 2: 159-183.

Reynolds J F, 1975. Policy Science: A Conceptual and Methodological Analysis [J]. Policy Sciences, 6 (1): 1-27.

Risman, Barbara J, 2009. Bringing Social Science to the White House [J]. Contexts, 8 (3): 80.

Roe E, 1994. Narrative Policy Analysis: Theory and Practice [M]. Duke University Press.

Rose R, 1973. Comparing Public Policy: An Overview [J]. European

Journal of Political Research, 1 (1): 67-94.

Schlaufer C, Kuenzler J, Jones M D, et al., 2022. The Narrative Policy Framework: A Traveler's Guide to Policy Stories [J]. Politische Vierteljahresschrift, 63 (2): 249-273.

Schmidt V A, 2008. Discursive Institutionalism: The Explanatory Power of Ideas and Discourse [J]. Annual Review of Political Science, 11: 303-326.

Schneider A, 1988. Ingram H. Systematically Pinching Ideas: A Comparative Approach to Policy Design [J]. Journal of Public Policy, 8 (1): 61-80.

Schneider A, Ingram H, 2017. Framing the Target in Policy Formulation: The Importance of Social Constructions [J]. Handbook of Policy Formulation: 320.

Schofield J, 2001. Time for a Revival? Public Policy Implementation: A Review of the Literature and an Agenda for Future Research [J]. International Journal of Management Reviews, 3 (3): 245-263.

Simon H A, 1945. Administrative Behavior [M]. New York: Free Press.

Smith K E, 2013. Beyond Evidence-based Policy in Public Health: the Interplay of Ideas [M]. Palgrave Macmillan, Basingstoke.

Smith K E, Stewart E, 2016. We Need to Talk about Impact: Why Social Policy Academics Need to Engage with the UK's Research Impact Agenda [J]. Journal of Social Policy, 46: 109-127.

Spicker P, 2014. Social Policy: Theory and Practice [M]. Bristol: Policy Press.

Staub E, 1978. Predicting Prosocial Behavior: A Model for Specifying the Nature of Personality-situation Interaction. En L. Pervin & M. Lewin (Eds.), Internal and External Determinants of Behavior (pp. 74-98) [M]. New York: Plenum Press.

Staub E, 1979. Positive Social Behavior and Morality: Socialization and Development [M]. New York: Academic Press.

Stein A, & Daniels, J, 2017. Going Public: A Guide for Social Scientists [M]. Chicago: The University of Chicago Press.

Straßheim H, 2017. Trends towards Evidence-based Policy Formulation [M]. Handbook of Policy Formulation. Edward Elgar Publishing: 504-521.

Teubner G, Willke H, 1984. Kontext und Autonomie: Gesellschaftliche Selbststeuerung Durch Reflexives Recht [J]. Zeitschrift für Rechtssoziologie, 5 (1): 4-35.

Thibodeaux J, 2015. Production as Social Change: Policy Sociology as a Public Good [J]. Sociological Spectrum, 36, 3, 183-90.

Titmuss R, 2011. 蒂特马斯社会政策十讲 [M]. 江绍康译, 吉林出版集团.

Torgerson D, 1985. Contextual Orientation in Policy Analysis: The Contribution of Harold D. Lasswell [J]. Policy Sciences, 18 (3): 241-261.

Trostle J, Bronfman M, Langer A, 1999. How do Researchers Influence Decision-makers? Case Studies of Mexican Policies [J]. Health Policy and Planning, 14 (2): 103-114.

Uggen, Christopher, Michelle Inderbitzin, 2010. Public Criminologies [J]. Criminology & Public Policy, 9 (4): 725-749.

Voros J, 2007. On the Philosophical Foundations of Futures Research [M]. Knowing Tomorrow?: How Science Deals with the Future.

Wallerstein N B, Duran B, 2006. Using Community-based Participatory Research to Address Health Disparities [J]. Health Promotion Practice, 7 (3): 312-323.

Walt G, 1994. How Far does Research Influence Policy [J]. Eur J Public Health, 4: 233-235.

Walt G, Gilson L, 1994. Reforming the Health Sector: The Central Role of Policy Analysis [J]. Health Policy and Planning, 9 (4): 353-370.

Weber M, 1978. Economy and Society: An Outline of Interpretive Sociology Volume l. (edited by Guenther Roth and Claus Wittich). Berkeley; Los Angeles; London: University of California.

Weiss C, 1977. Research for Policy's Sake: the Enlightenment Function of Social Research [J]. Policy Analysis, 3: 531-547.

Weiss C, 1979. The Many Meanings of Research Utilization [J]. Public Admodum Reverendus, 39: 426-431.

Williamson B, 2017. Big Data in Education: The Digital Future of

Learning, Policy and Practice [M]. Sage.

Yanow D, 1996. How Does a Policy Mean? [M]. Washington D. C. : Georgetown University Press.

Yanow D, 2007. Interpretation in Policy Analysis: On Methods and Practice [J]. Critical Policy Analysis, 1 (1): 110-122.

图书在版编目(CIP)数据

政策社会学/陈志光，李兵著.--北京：社会科学文献出版社，2024.9.--ISBN 978-7-5228-4096-3

Ⅰ.D035-01

中国国家版本馆 CIP 数据核字第 2024WU7119 号

政策社会学

著　　者/陈志光　李　兵

出 版 人/冀祥德
组稿编辑/恽　薇
责任编辑/孔庆梅
文稿编辑/郭晓彬
责任印制/王京美

出　　版/社会科学文献出版社·经济与管理分社（010）59367226
　　　　　地址：北京市北三环中路甲29号院华龙大厦　邮编：100029
　　　　　网址：www.ssap.com.cn

发　　行/社会科学文献出版社（010）59367028
印　　装/三河市东方印刷有限公司
规　　格/开本：787mm×1092mm　1/16
　　　　　印张：14.25　字数：152千字
版　　次/2024年9月第1版　2024年9月第1次印刷
书　　号/ISBN 978-7-5228-4096-3
定　　价/98.00元

读者服务电话：4008918866

版权所有 翻印必究